Achtsamkeit & Minimalistisches Budget Auf Deutsch

Das folgende eBook wird mit dem Ziel reproduziert, möglichst genaue und zuverlässige Informationen zu liefern. Unabhängig davon kann der Kauf dieses eBooks als Zustimmung zu der Tatsache gesehen werden, dass sowohl der Herausgeber als auch der Autor dieses Buches in keiner Weise Experten für die darin diskutierten Themen sind und dass alle Empfehlungen oder Vorschläge, die hier gemacht werden, nur der Unterhaltung dienen. Fachleute sollten je nach Bedarf konsultiert werden, bevor eine der hierin befürworteten Maßnahmen durchgeführt wird.

Diese Erklärung wird sowohl von der American Bar Association als auch von der Committee of Publishers Association als fair und gültig erachtet und ist in den gesamten Vereinigten Staaten rechtsverbindlich.

Die Informationen auf den folgenden Seiten werden weitgehend als wahrheitsgemäße und genaue Darstellung von Tatsachen angesehen, und als solche wird jede Unaufmerksamkeit, jeder Gebrauch oder Missbrauch der betreffenden Informationen durch den Leser dazu führen, dass alle daraus resultierenden Handlungen ausschließlich in seinen Zuständigkeitsbereich fallen. Es gibt keine Szenarien, in denen der Herausgeber oder der ursprüngliche Autor dieses Werkes in irgendeiner Weise als haftbar für irgendwelche Probleme oder Schäden angesehen werden kann, die Ihnen nach der Durchführung der hier beschriebenen Informationen widerfahren könnten.

Darüber hinaus dienen die Informationen auf den folgenden Seiten nur zu Informationszwecken und sollten daher als universell betrachtet werden. Wie es ihrer Natur entspricht, sind die dargestellten Informationen ohne Gewähr für ihre weitere Gültigkeit oder ihre vorläufige Qualität. Erwähnte Marken werden ohne schriftliche Zustimmung verwendet und können in keiner Weise als Unterstützung des Markeninhabers angesehen werden.

INHALTSVERZECHNIS

Achtsamkeit Auf Deutsch/ Mindfulness in German

Top 10 Tipps zur Überwindung von Obsessionen und Zwängen mithilfe von Achtsamkeit

Einführung

Vor zwanzig Jahren wurde die Idee der Achtsamkeit weitgehend auf östlichen Religionen und New Age Ideen zurückgeführt. Heutzutage stellen sowohl Forscher als auch die allgemeine Bevölkerung jedoch immer mehr fest, dass Achtsamkeit unglaubliche Vorteile hat, wenn es darum geht, den Menschen zu helfen, mit dem Stress und den Ängsten des täglichen Lebens umzugehen. Es kann sogar helfen, das Gehirn neu zu verdrahten, damit es seine Umgebung ruhiger und optimistischer wahrnimmt!

In diesem Buch geht es speziell um Achtsamkeit als Mittel zur Unterstützung von Menschen, die an einer Zwangsstörung leiden. Denn für viele Menschen ist eine Zwangsstörung mit Stress und Angst verbunden, und Achtsamkeit kann dazu beitragen, einige der Symptome zu lindern. Dieses Buch gibt Ihnen 10 verschiedene Tipps zur Achtsamkeit sowie einige praktische Schritte, die Sie unternehmen können, um diese Tipps in Ihrem täglichen Leben umzusetzen. Das beabsichtigte Ergebnis ist, dass Sie in der Lage sind, mehr Kontrolle über Ihre Symptome der Zwangsstörung zu erlangen und ein produktiveres und erfüllteres Leben zu führen.

Was ist eine Zwangsstörung?

Eine Zwangsstörung, allgemein bekannt als OCD, ist eine psychische Störung, bei der jemand einen ständigen Drang verspürt, etwas zu reinigen, bestimmte Routine oder Rituale zu wiederholen oder unter sich wiederholende Gedankenmuster leidet. Die Person kann sich wiederholt die Hände waschen, ständig die Ofenknöpfe überprüfen, um sicherzustellen, dass sie aus sind, ständig die Türen überprüfen, um sicherzustellen, dass sie verschlossen sind, oder ständig Dinge zählen. Für viele Menschen, die an einer Zwangsstörung leiden, hat sie ihr tägliches Leben beeinträchtigt, weil die Beschäftigung mit den Zwängen täglich eine Stunde oder mehr ihrer Zeit in Anspruch nimmt und die mit der Störung verbundenen, sich wiederholenden Gedanken, sie daran hindern, sinnvolle Beziehungen zu erleben und sich voll und ganz auf die Aktivitäten des täglichen Lebens einzulassen. In extremen Fällen können die Symptome so schädlich sein, dass die Person dazu verleitet wird, über Selbstmord nachzudenken oder sogar einen Selbstmordversuch unternimmt.

Die Ursache der Störung ist zwar unbekannt, aber für viele Menschen ist sie mit Angst und Stress verbunden. Eine große Anzahl von Menschen, die an ihr leidet, haben ein großes traumatisches Ereignis erlebt, insbesondere Kindesmissbrauch, sowie Ereignisse wie den Tod eines geliebten Menschen oder einen schweren Autounfall. Andere Ursachen können Infektionen und genetische Ursachen sein. Die Hälfte aller Fälle von Zwangsstörungen tritt vor dem 20. Lebensjahr auf, oftmals zeigen sich Symptome jedoch nach dem 35. Lebensjahr. Es wird angenommen, dass weltweit jedes Jahr etwa 1% der Bevölkerung an einer Zwangsstörung erkrankt, und etwa 2-3% der Bevölkerung irgendwann in ihrem Leben davon betroffen sind.

Die Behandlung der Zwangsstörung umfasst Medikamente wie selektive Serotonin-Wiederaufnahmehemmer sowie die kognitive Verhaltenstherapie (CBT), die den Menschen hilft, mit den aufdringlichen, sich wiederholenden Gedanken umzugehen. Eine besonders erfolgreiche Methode zur Behandlung der OCD ist das Erlernen der Achtsamkeit. Achtsamkeit ist die Praxis, sich voll und ganz bewusst zu sein, was um einen herum und in einem selbst vor sich geht, so dass man seine eigenen negativen Gedanken von dem unterscheiden kann, was tatsächlich passiert, seine eigenen Gefühle von den Tatsachen trennen kann und nicht das Bedürfnis verspürt, jeden Gedanken, den man hat, so zu behandeln, als ob man tatsächlich einer Bedrohung ausgesetzt wäre.

Tiefes Atmen

Eine der vorteilhaftesten, aber am meisten übersehenen Methoden, Achtsamkeit zu praktizieren, ist die Durchführung von Tiefenatmungsübungen. Sie müssen nicht in einer Lotus-Position sitzen und "Ohm" summen, aber wenn Sie sich dazu verleitet fühlen, dann tun Sie es. Alles, was Sie tun müssen, ist, sich aufrecht hinzusetzen (achten Sie darauf, dass Ihr Rücken so gerade wie möglich ist), einzuatmen und auszuatmen. Nehmen Sie sich 10 Sekunden Zeit zum Einatmen und 20 Sekunden zum Ausatmen. Üben Sie diese einfache Übung täglich zwei Minuten lang aus.

Die Vorteile einer tiefen Einatmung sind so immens, dass man sich fragen muss, warum diese einfache Übung so oft übersehen wird. Ein Grund dafür ist, dass sie auf natürliche Weise das parasympathische Nervensystem stimuliert, was eine Entspannungsreaktion fördert. Sie bewirkt tatsächlich eine physiologische Entspannung Ihres Körpers! Viele Krankheiten, einschließlich der Zwangsstörung, stehen entweder direkt oder indirekt mit Stress in Zusammenhang, und die meisten von uns führen ein arbeitsreiches und stressiges Leben. Tiefes Atmen ist ein Weg, um Sie dazu zu bringen, bewusst langsamer zu werden und wahrzunehmen, was in Ihnen vorgeht. Wenn Sie sich dessen bewusst sind, was Sie denken und fühlen, können Sie Ihre eigenen Gedanken, die vielleicht Verzerrungen der Realität sind, und das, was tatsächlich um Sie herum vor sich geht, besser erfassen.

Ein Grund dafür, dass sich Ihr Körper immer dann angespannt fühlt, wenn Sie sich ängstlich fühlen, ist, dass Sie nicht tief einatmen. Wenn Sie flach atmen, erhält Ihr Körper nicht den Sauerstoff, den er braucht, und ist daher nicht in der Lage, Ihre Zellen richtig zu versorgen. Wenn Sie tief einatmen, gelangt der gesamte Sauerstoff, den Ihr Körper benötigt, an jeden Teil des Körpers, so dass sich Ihre angespannten Muskeln entspannen können. Diese Reaktion ist entscheidend, um Ihnen zu helfen, die Symptome der Zwangsstörung unter Kontrolle zu bringen. Sie können sich nicht einfach den Weg aus der Zwangsstörung herausdenken; wenn Sie das könnten, hätten Sie wahrscheinlich schon viel Erleichterung von Ihren Symptomen gefunden. Ihr Körper muss mit Ihren Gedanken im Einklang sein; wenn Ihr Körper nicht synchron ist, weil er nicht über die richtige Menge an Sauerstoff verfügt, werden Sie die Impulse der Zwangsstörung nicht kontrollieren können. Eine ausreichende Sauerstoffversorgung wird es Ihrem entspannten Geist jedoch ermöglichen, einige der Impulse abzuwehren.

Tiefes Einatmen kann sogar Ihren Körper entgiften. Einer der primären Giftstoffe in Ihrem Körper ist Kohlendioxid; wenn Ihre Lungen durch die flache Atmung beeinträchtigt sind, können Sie diesen nicht richtig ausstoßen und sammelt sich somit an. Wenn Sie Giftstoffe wie Kohlendioxid loswerden, können Ihr Geist und Ihr Körper besser funktionieren.

Ein weiterer Vorteil der tiefen Atmung besteht darin, dass sie sogar Schmerzen lindern und Ihr Glücksgefühl steigern kann. Denn sie stimuliert die Freisetzung von Hormonen wie Serotonin, dem "Glückshormon". Serotonin lindert auf natürliche Weise Stress und Angstzustände, so dass die Stimulation seiner Freisetzung ein idealer Weg ist, um Ihnen zu helfen, Ihre OCD zu kontrollieren.

Nehmen Sie sich jetzt zwei Minuten Zeit und atmen Sie 10 Sekunden lang tief ein. Dann atmen Sie 20 Sekunden lang aus. Wiederholen Sie dies einige Male. Sie werden feststellen, dass Sie sich schon nach wenigen Minuten ruhig und entspannt fühlen.

Umgebung zur Kenntnis nehmen

Viele von uns haben ein hektisches Leben, in dem wir uns nicht die Zeit nehmen, anzuhalten und die Schönheit um uns herum zu genießen, da wir nicht einmal bemerken, dass es diese Schönheit überhaupt gibt! Wenn wir das tun, denken wir nicht darüber nach, ob die Blumen, die wir sehen, rot, gelb, rosa oder gar wie schön sie sind. Wir sind uns einfach nicht bewusst, was um uns herum passiert. Eine Möglichkeit, Achtsamkeit zu üben, ist, innezuhalten und die eigene Umgebung wahrzunehmen.

Schauen Sie sich eine Minute lang um. Wie viele Farben sehen Sie? Sehen Sie die Farbe Braun? An wie vielen Stellen sehen Sie Braun? Was ist mit Rot? Pink? Blau? Was ist Ihre Lieblingsfarbe? Wie oft sehen Sie sie? Beachten Sie, wie Sie gerade Ihr Gehirn verlangsamt und ihre rasenden Gedanken unter Kontrolle gebracht haben? Fühlen Sie sich nicht schon, zumindest ein wenig, weniger ängstlich?

Atmen Sie tief durch Ihre Nase ein. Was riechen Sie? Kaffee? Das Parfüm Ihres Mitarbeiters? Etwas, das kocht? Riecht es angenehm? Macht Sie der Geruch glücklich oder weckt er Erinnerungen? Halten Sie inne und denken Sie über die Gerüche um Sie herum nach. Erleben Sie sie. Atmen Sie tief ein und aus. Fühlen Sie sich ruhiger? Mit Sicherheit.

Wie viel Zeit verbringen Sie mit dem Essen? Wenn Sie, wie die meisten Menschen in der heutigen modernen Welt sind, verbringen Sie wahrscheinlich nicht viel Zeit mit dem Essen. Schließlich müssen Sie wieder an die Arbeit gehen. Es gibt so viele Dinge, die Sie in kurzer Zeit erledigen müssen! Hören Sie auf. Diese Art des Denkens provoziert Ängste und löst OCD-Symptome aus. Versuchen Sie, mehr Zeit mit dem Essen zu verbringen. Nehmen Sie sich Zeit, um bewusst wahrzunehmen, was Sie essen. Wie riecht Ihr Essen? Wie sieht es aus? Nehmen Sie jeden Bissen langsam zu sich. Wie schmeckt er? Wie ist seine Textur? Wie interagieren die verschiedenen Texturen, die Sie essen, miteinander? Mögen Sie die Texturen? Nehmen Sie nach jedem dritten Bissen einen Schluck von etwas. Genießen Sie Ihr Essen und erleben Sie es in vollen Zügen.

Was ist das, was Sie da hören? Ist es eine Fliege oder eine Mücke, die Ihnen um den Kopf schwirrt? Ist es die Lampe über Ihnen, die ein knisterndes Geräusch macht? Ist es ein Gespräch, das in der nächsten Kabine stattfindet? Ist es das Geräusch von Regen? Hören Sie Musik? Nehmen Sie sich eine Minute Zeit und hören Sie genau hin. Nein, hören Sie wirklich genau zu. Achten Sie darauf. Achten Sie auf die Geräusche um Sie herum und darauf, woher sie kommen.

Sitzen Sie gerade an einem Schreibtisch? Vielleicht sitzen Sie gerade draußen auf einem Stuhl oder entspannen sich auf dem Sofa. Nehmen Sie sich eine Minute Zeit und fühlen Sie es. Führen Sie Ihre Hände am Schreibtisch entlang. Wie fühlt sich das an?

Sie sollten sich in Ihrer Umgebung inzwischen bewusster fühlen. Wenn Sie sich Ihrer Umgebung bewusst sind, hilft Ihnen das, Ihre eigenen aufdringlichen Gedanken von dem zu trennen, was passiert.

Sich Zeit nehmen

Viele Menschen sind davon überzeugt, dass sie jede Minute eines jeden Tages mit irgendeiner Art von Aktivität füllen müssen. Das hat zur Folge, dass ihr Gehirn nie zur Ruhe kommt und sie nie in einen Zustand der Entspannung eintreten können. Sie haben sogar Schlafstörungen, weil ihre Gehirnhälften immer in irgendetwas eingebunden sind. Ständig unterwegs zu sein, kann Ihr Gehirn tatsächlich dazu bringen, zu glauben, dass es eine Bedrohung gibt, und Ihr Gehirn hat eine eingebaute Abwehr gegen Bedrohungen: die Kampf- oder Fluchtreaktion. Adrenalin und Cortisol werden in Ihrem Körper freigesetzt, was noch mehr Stress verursacht und Ihnen das Gefühl gibt, dass Sie härter arbeiten und mehr tun müssen. Wenn Sie zu beschäftigt sind, kann Ihr Gehirn tatsächlich so reagieren, als ob Sie sich bedroht fühlen. Es ist daher in der Tat von großem Bedeutung, ihren Alltag zu verlangsamen.

Verlangsamen bedeutet, dass Sie nicht das Bedürfnis haben, jede einzelne Minute jedes einzelnen Tages mit Aktivitäten zu füllen. Sie können sich einfach gehen lassen. Setzen Sie sich draußen auf den Rasen oder genießen Sie das Gefühl, auf den Beinen zu stehen. Genießen Sie die Art und Weise, wie die Sonne auf Ihre Haut scheint; erleben Sie die Wärme der Sonne in vollem Umfang. Gehen Sie mit Ihrem Hund nach draussen zum Spielen. Schieben Sie ein Kind auf der Schaukel an. Tun Sie etwas, das Ihnen Spaß macht, statt etwas zu tun, das sich produktiv und beschäftigt anfühlt. Zu oft haben wir das Gefühl, dass wir beschäftigt sein müssen, damit das Leben einen Sinn hat. Das stimmt aber einfach nicht. Bedeutung finden wir in den Momenten, in denen wir langsamer werden und unsere Umgebung und die Menschen, mit denen wir zusammen sind, genießen.

Wie oft am Tag überprüfen Sie Ihr Telefon? Wie oft pro Stunde?

Wie lange können Sie Ihre E-Mails oder Textnachrichten nicht überprüfen? Dies ist etwas, das man sich bewusst machen sollte. Das ständige Überprüfen Ihres Telefons lenkt Sie von Ihrer Achtsamkeit ab, weil es Ihr Gehirn so verdrahtet, dass Sie glauben, wenn Sie nicht produktiv sind, verschwenden Sie Zeit. Legen Sie Ihr Telefon weg und machen Sie einen Spaziergang. Die Welt kann warten. Sie müssen sich um sich selbst und Ihre eigenen Bedürfnisse kümmern.

Was hält Sie davon ab, langsamer zu werden? Was lässt Sie glauben, dass Sie ständig unterwegs sein müssen? Haben Sie jemals das Gefühl, dass Ihr Geist rast? Schürt das beschäftigt sein ängstliche Gedanken?

Nehmen Sie sich jetzt eine Stunde Zeit, um sich einfach zu entspannen und sich fallen zu lassen. Entfernen Sie alle Elektronik, inklusive dem Fernseher, und verbinden Sie sich mit sich selbst und Ihrer Umgebung. Wie fühlen Sie sich? Wird Ihr Geist langsamer? Was geschieht mit Ihren ängstlichen Gedanken?

Versuchen Sie, sich täglich eine Stunde Zeit zu nehmen, um langsamer zu werden und sich einfach zu entspannen. Lassen Sie sich nicht von allem, was Sie zu tun glauben, ablenken und überfordern. Halten Sie inne und nehmen sie die Schönheit wahr.

Meditation

Sie haben sich bereits mit den Vorteilen der tiefen Atmung, der Wahrnehmung der Umgebung und der Verlangsamung befasst. All diese Dinge miteinander zu verbinden, ist die Kunst der Meditation. Meditation ist, wenn Sie Ihrem Geist erlauben, sich langsamer auf etwas zu konzentrieren. Wenn Sie schon einmal nachts durch einen ängstlichen Gedanken wachgehalten wurden, der sich in Ihrem Kopf ständig umdreht und von dem Sie sich nicht distanzieren konnten, dann meditieren Sie tatsächlich über diesen ängstlichen Gedanken. Diese Art der Meditation ist jedoch negativ. Positive Meditation ist, wenn Sie sich absichtlich auf gute oder positive Dinge konzentrieren und sich nicht mit den negativen Gedanken beschäftigen, die versuchen, in Sie einzudringen.

Viele Religionen haben ihre eigenen meditativen Praktiken, die darauf ausgerichtet sind, die Spiritualität des Einzelnen oder die Verbindung mit seinem eigenen Geist zu fördern. Die Kabbala, die jüdische mystische Tradition, hat meditative Praktiken, die darauf ausgerichtet sind, den Einzelnen aus seinen eigenen täglichen Kämpfen in die Erkenntnis des Ewigen zu erheben. Das Christentum hat einige kabbalistische Praktiken übernommen, die von Christen zur Meditation über das Göttliche verwendet werden. Auch der Islam, insbesondere der Sufi-Zweig, hat meditative Praktiken. Einige Religionen wie Hinduismus, Sikhismus und Jainismus finden, dass Meditation dem spirituellen Wohlbefinden eines Menschen so sehr innewohnt, dass sie ein vorgeschriebener Bestandteil des täglichen Lebens ist. Wenn Sie sich mit irgendeiner Religion verbinden, ist ein guter Ausgangspunkt, zu erfahren, was Ihre Religion über Meditation sagt und wie Sie sie praktizieren sollten.

Wenn Sie nicht religiös sind und sich nicht dafür interessieren, was diese verschiedenen Religionen über Meditation sagen, können Sie trotzdem lernen, zu meditieren. Setzen Sie sich aufrecht hin und schließen Sie Ihre Augen. Halten Sie Ihre Körperhaltung so perfekt wie möglich, damit Sie voll und tief einatmen können. Atmen Sie 10 Sekunden lang ein und 20 Sekunden lang aus. Setzen Sie das Ein- und Ausatmen auf diese Weise fort, während Sie einen der folgenden Schritte durchführen:

1. Sagen Sie sich selbst positive Dinge. Sie sind ein guter Mensch. Sie sind sich Ihrer Umgebung bewuss, und Sie sind sich bewusst, was in Ihnen vorgeht. Sie können Ihre Zwangsstörung überwinden, so dass sie Ihr Leben nicht mehr dominiert.

2. Konzentrieren Sie sich auf etwas Positives. Das kann ein Bild des Ozeans sein, eine Lieblingserinnerung aus der Kindheit oder etwas völlig Belangloses, wie eine Tür oder ein Fensterrahmen.

Bleiben Sie in diesem Zustand, solange Sie können. Wenn Sie anfangs nur ein paar Minuten meditieren können, ist das in Ordnung. Üben Sie die Meditation jeden Tag weiter aus und versuchen Sie, jedes Mal etwas länger darin zu verharren.

Am Anfang werden Sie vielleicht feststellen, dass Sie durch Dinge, die getan werden müssen, abgelenkt sind. Wenn Sie versuchen, gleich morgens zu meditieren, sind Sie vielleicht so abgelenkt von dem Bedürfnis, rechtzeitig zur Arbeit zu kommen, dass Sie nicht in der Lage sind, erfolgreich zu meditieren. Wenn das der Fall ist, versuchen Sie, eine Zeit zu finden, die für Sie funktioniert und in der Sie nicht so abgelenkt sind.

Der Sinn der Meditation besteht darin, Ihren Geist von negativen Gedanken zu befreien, damit er mit Positivität gefüllt werden kann. Meditation ist ein mächtiges Werkzeug, das Ihr Gehirn neu verdrahten kann, positiver zu denken.

Konzentration entwickeln

Viele von uns führen ein Leben, das so hektisch ist, dass wir den Wert von Konzentration nicht kennen; und nicht nur das, wir wissen nicht einmal, wie man sich konzentriert. Wann waren Sie das letzte Mal in der Lage, zwei Stunden am Stück zu arbeiten, ohne Ihr Telefon oder Ihre E-Mail zu überprüfen? Ihre Antwort auf diese Frage sollte Ihnen einen Hinweis darauf geben, wie gut Sie sich konzentrieren können.

Ein großer Teil des Problems besteht darin, dass viele Menschen Ablenkung tatsächlich als eine gute Sache ansehen. Sie sitzen auf einer Parkbank und starren auf ihre Telefone, anstatt die Enten im Teich zu beobachten. Viele Menschen können nicht einmal ein Essen mit ihren Freunden und/oder ihrer Familie ohne ihr Telefon überstehen! Seien Sie ehrlich zu sich selbst: Wie sehr hindert Sie Ihr Telefon daran, sich auf Ihr eigenes Leben zu konzentrieren?

Die Fähigkeit, sich zu konzentrieren, ist im Grundprinzip der Eckpfeiler der Achtsamkeit. Wenn Sie sich nicht auf die bevorstehende Aufgabe konzentrieren können, weil Sie so abgelenkt sind, dann lässt dies nur sehr wenig Raum für Sie, um sich Ihrer eigenen Gedanken, Ihrer Gefühle, der Menschen um Sie herum und Ihrer Umgebung bewusst zu werden.

Hier sind einige Tipps, die Ihnen helfen sollen, Ihre Konzentrationsfähigkeit zu entwickeln.

1. Schalten Sie alle Ablenkungen aus und entfernen Sie sie sofern möglich. Wenn Sie es gewohnt sind, Musik zu hören oder den Fernseher laufen zu lassen, schalten Sie sie aus. Schalten Sie Ihr Handy stumm oder aus und stecken Sie es weg. Schließen Sie alle Ihre Internet-Browser, bis auf

diejenigen, die Sie gerade benutzen.

2. Üben Sie täglich tiefes Atmen und Meditation. Die starke Wirkung, die diese Übungen auf Ihren Geist haben, kann Ihnen helfen, den Geist zu trainieren, um Ablenkungen auszublenden und sich auf die anstehende Aufgabe zu konzentrieren.

3. Treiben Sie Sport. Körperliche Bewegung hilft, die Freisetzung von Hormonen zu stimulieren, die Ihnen helfen, sich zu konzentrieren. Außerdem werden Adrenalin und Cortisol aus Ihrem System verbrannt, die beide die Konzentration beeinträchtigen können.

4. Versuchen Sie immer nur eine Sache auf einmal zu tun. Unsere soziale Gesellschaft legt Wert auf Multitasking, aber Multitasking ist wirklich ein Mythos. Man kann sich nicht auf zwei Dinge gleichzeitig konzentrieren. Was tatsächlich passiert, wenn man versucht, Multitasking zu betreiben, ist, dass das Gehirn ständig zwischen den Aufgaben hin- und herspringt und man dadurch alles ineffizienter macht. Denken Sie also darüber nach, an welcher Sache Sie jetzt arbeiten müssen, und tun Sie nur diese eine Sache. Schreiben Sie alles andere, was Sie tun müssen, auf, damit Sie es nicht vergessen, und arbeiten Sie alles nach und nach ab.

Wenn Sie in der Lage sind, sich besser zu konzentrieren, werden die impulsiven Gedanken, die mit der Zwangsstörung verbunden sind, weniger Raum haben, in Ihren Geist einzudringen. Sie werden sich mehr auf das konzentrieren, was Sie tatsächlich tun, und weniger besorgt darüber sein, sich die Hände zu waschen oder sicherzustellen, dass die Tür verschlossen ist. Sie werden auch große Genugtuung erfahren, Ihre Arbeit gut erledigt zu haben.

Freundlich zu sich selbst sein

Viele von uns führen ein unglaublich geschäftiges, hektisches Leben, weil wir ständig versuchen, anderen zu gefallen. Wir arbeiten so hart, um dem Chef zu gefallen. Wir schmeißen eine Party, um unseren Freunden zu gefallen. Wir kochen das Abendessen, um unsere Familien zu erfreuen. Ein Effekt der Angst ist, dass man sich so sehr darin verstrickt, anderen Menschen zu gefallen, dass man das Bedürfnis, sich selbst zu erfreuen, nicht erkennt oder schätzt. Wenn Sie das tun, können Sie sich das vielleicht ausreden, indem Sie sagen, dass Sie keine Zeit haben oder dass es zu viele andere Dinge und Menschen gibt, um die Sie sich kümmern müssen.

Es ist jedoch essenziell wichtig, sich selbst gegenüber freundlich zu sein. Gehen Sie in den Salon und lassen Sie sich eine Maniküre und Pediküre machen. Lassen Sie sich die Haare machen. Kochen Sie Ihr Lieblingsessen. Essen Sie ein Dessert, ohne sich schuldig zu fühlen. Gehen Sie in den Park. Gehen Sie zum Fußball. Leihen Sie sich den Film aus, den Sie schon lange sehen wollten. Gehen Sie mit Ihren Freunden aus und tun Sie etwas, das so lustig ist, dass es schon lächerlich ist.

Wenn Sie nett zu sich selbst sind, erhöhen Sie tatsächlich Ihr eigenes Selbstwertgefühl und Ihre Selbstwahrnehmung. Sie werden sich der Dinge, die Sie mögen, und der Dinge, die Sie vielleicht irritieren oder verärgern, bewusster. Sie können die Dinge benennen, die Ihre Zwänge auslösen und Sie zu sich wiederholenden, negativen Gedanken veranlassen. Indem Sie sich auf die Aktivitäten einlassen, die Sie mögen, können Sie Ihr Gehirn neu verdrahten, um positiver zu sein. Es wird Ihren positiven Hormone, wie Serotonin, freisetzen und sich sogar von Giftstoffen reinigen.
Die Konsequenz aus der Freundlichkeit zu sich selbst ist, dass man

anderen Menschen erlaubt, freundlich zu einem zu sein. Lassen Sie Ihre Freunde, Ihre Familie und Ihre Mitarbeiter die Möglichkeit, Ihnen zu zeigen, dass sie Sie schätzen. Wenn Ihnen jemand ein Geschenk machen will, dann lassen Sie nicht das Gefühl zu, dass es auf Gegenseitigkeit beruhen muss. Oft erlauben wir uns, uns schuldig zu fühlen, wenn jemand etwas Nettes tut. Das ist ein Fehler. Denken Sie daran, welches Motiv Sie hatten, als Sie das letzte Mal etwas Nettes für jemanden getan haben. War es, um eine Gegenleistung zu erhalten, oder war es, weil Sie einfach nur nett sein wollten? Wenn ein Freund nett sein und Sie zum Essen einladen will, dann fühlen Sie sich nicht, als ob Sie das Gleiche tun müssen. Wenn Sie das wollen, toll. Aber fühlen Sie sich nicht dazu verpflichtet.

Was ist eines Ihrer geheimen Vergnügen? Warum fühlen Sie sich dadurch schuldig? Was ist etwas, das Sie am Ende des Tages wirklich gerne tun würden? Was hält Sie davon ab, es zu tun? Wie können Sie mit den Hindernissen und Ängsten umgehen, die Sie davon abhalten, nett zu sich selbst zu sein und die Dinge zu tun, die Ihnen Spaß machen?

Achten Sie auf die Dinge, die Ihnen Freude bereiten, und darauf, wie Sie sich dabei fühlen. Achten Sie darauf, warum Sie sich an diesen Aktivitäten beteiligen oder nicht beteiligen. Und am wichtigsten: Seien Sie nett zu sich selbst.

8 Tagebuch führen

Das Journaling ist eine gute Möglichkeit, sich seiner eigenen Gedanken und Gefühle bewusst zu werden. Sich selbst zu kennen - sich seiner selbst bewusst zu werden, indem man seine Gedanken, Handlungen, Motivationen und Gefühle versteht - ist ein mächtiger Schritt, um achtsamer zu werden. Das Führen von Tagebüchern ist eine gute Möglichkeit, sich seiner selbst bewusster zu werden.

Ein wichtiger Aspekt der Achtsamkeit in Bezug auf die Zwangsstörung ist die Fähigkeit zu verstehen, was Ihre Auslöser sind. Mit anderen Worten: Was sind einige Dinge, die Sie zu zwanghaften Gedanken veranlassen? Vielleicht ist etwas, das scheinbar harmlos ist, wie eine Uhr oder ein Schlüsselbund, mit einer besonders belastenden oder traumatischen Erinnerung verbunden. Vielleicht ist Ihnen nicht klar, dass diese Dinge tatsächliche Auslöser sind.

Das Journal kann Ihnen helfen, Ihre Auslöser zu identifizieren. Wenn Sie merken, dass Sie viele zwanghafte Gedanken haben, die Sie einfach nicht loswerden können, nehmen Sie Ihr Tagebuch heraus und beginnen Sie, darüber zu schreiben, was vor sich geht. Was genau geht um Sie herum vor? Was denken Sie? Was fühlen Sie? Wer ist an der Situation beteiligt? Was sagen oder tun diese Leute? Nach einer Weile werden Sie vielleicht ein Muster in dem erkennen, was Sie aufschreiben. Sie können sehen, dass bestimmte Dinge Sie besonders nervös oder ängstlich machen und zwanghafte Gedanken auslösen.

Das Schreiben von Tagebüchern kann Ihnen auch helfen, Ihre Nervosität und Angst zu überwinden. Anstatt sich stundenlang dieselbe Idee in den Kopf zu setzen und sich nachts wach zu halten, sollten Sie sie aufschreiben. Schreiben Sie alles auf, was Ihnen Stress bereitet, wie sich dieser Stress anfühlt und wie er sich auf Ihr Leben auswirkt. Vielleicht empfinden Sie ein enormes Gefühl der Befreiung, wenn Sie diese Dinge einfach aufschreiben. Es hat sich gezeigt, dass das Aufschreiben Ihrer Gedanken tatsächlich eine heilende Wirkung auf Geist und Körper hat.

Es gibt noch andere Möglichkeiten, wie das Aufschreiben Sie in einen Zustand der Achtsamkeit bringen kann. Es hilft Ihnen, nicht mehr von Ihrer Umgebung verärgert oder abgelenkt zu sein, sondern mit Ihren eigenen Gedanken und Gefühlen über das, was vor sich geht, in Kontakt zu kommen. Es kann Ihnen helfen, sich Ihrer eigenen Vorlieben und Abneigungen bewusst zu werden und sich klar zu machen, was Sie sich letztendlich vom Leben wünschen.

Hier sind einige Ideen, über die Sie ein Tagebuch führen können.

1. Was ist etwas, das heute passiert ist und mich glücklich gemacht hat?
2. Was ist etwas, das heute passiert ist und das mich eine unangenehme Emotion (Schmerz, Wut, Trauer, Angst usw.) empfinden ließ?
3. Welche zwanghaften Gedanken habe ich heute gehabt? Was habe ich mit diesen zwanghaften Gedanken gemacht? Was war das Ergebnis?
4. Was ist etwas, das sonst niemand über mich weiß?

Sie können zwar sicherlich Ihren Computer benutzen, um Tagebuch zu führen, aber es gibt tatsächlich einen therapeutischen Nutzen, der sich aus dem Schreiben von Dingen auf Papier ergibt. Probieren Sie es aus. Holen Sie sich ein Notizbuch und einen Stift und fangen Sie an zu schreiben. Sie werden vermutlich feststellen, dass Sie sich sofort beruhigen und besser fühlen.

Therapie

Es gibt einige Therapiemethoden, die speziell für Menschen entwickelt wurden, die an einer Zwangsstörung leiden. Eine davon ist die Kognitive Verhaltenstherapie (Cognitive Behavioral Therapy, CBT), die Menschen lehrt, sich ihrer eigenen Denkmuster bewusst zu werden, damit sie diese ändern können. Sie ist ein sehr wirksames Mittel, um Achtsamkeit zu entwickeln, insbesondere für Menschen mit Angst und Zwangsstörungen.

Das Modell, das die CBT verwendet, ist, dass unsere Handlungen durch unsere Gedanken motiviert werden, die stark von unseren Kernüberzeugungen beeinflusst werden. Unsere Kernüberzeugungen sind im Grunde das, was wir über uns selbst und die Welt um uns herum glauben. Wenn unsere Grundüberzeugungen besagen, dass wir gut, wertvoll, stark und würdig sind, dass wir Großes leisten können und dass unser Leben von Bedeutung ist, dann werden unsere Gedanken im Allgemeinen positiv und angenehm sein. Wir können uns selbst gut fühlen und im Gegenzug auch gut anderen Menschen gegenüber sein. Wenn unsere Grundüberzeugungen besagen, dass wir unbedeutend, unfähig und unwürdig sind, dass das Leben ungerecht ist und dass die Welt ein harter und anspruchsvoller Ort ist, dann werden negative, ängstliche Gedanken folgen. Diese Gedanken könnten der Grund dafür sein, dass Sie die Zwänge haben, unter denen Sie leiden.

Die CBT hilft Ihnen, sich der negativen Gedanken, die Sie haben, bewusst zu werden, sowie der Kernüberzeugungen, die sie prägen, so dass Sie daran arbeiten können, sie zu ändern. Wenn Sie negative Gedanken in positive umwandeln, kann das einen erheblichen Einfluss darauf haben, Ängste und Stress abzubauen und Ihnen zu einem glücklichen, sinnvollen und zielstrebigen

Leben zu verhelfen. Wenn Sie den Stress abbauen, können Sie gleichzeitig die zwanghaften Gedanken, die Sie geplagt haben, verringern. Es hat sich gezeigt, dass die CBT tatsächlich Zwänge um bis zu 70% reduziert. Stellen Sie sich vor, wie viel von Ihrem Leben Sie zurückbekommen könnten, wenn Sie 70% weniger Zwänge hätten.

CBT ist nicht die einzige Art der Therapie, die Menschen mit OCD helfen kann. Es gibt auch die DBT oder Dialektische Verhaltenstherapie, die nach einem Modell funktioniert, das dem CBT-Modell sehr ähnlich ist. Neben der Hilfe bei der Veränderung Ihrer Kernüberzeugungen hilft Ihnen die DBT auch, Werkzeuge zu erhalten, um mit einigen der Schwierigkeiten umzugehen, denen Sie möglicherweise, insbesondere wenn mit Ihren Auslösern konfrontiert, begegnen.

Zu einem Therapeuten zu gehen, kann beängstigend und einschüchternd sein. Wenn Sie sich Sorgen darüber machen, was andere denken werden, denken Sie daran, dass Sie nicht verpflichtet sind, es jemandem mitzuteilen. Der Gedanke, sich jemandem zu öffnen, der Sie nicht aufgrund all Ihre Ängste und Befürchtungen verurteilt, kann sehr beunruhigend sein. Denken Sie daran, dass Berater in der Durchführung von CBT, DBT und anderen Therapieformen ausgebildet sind. Sie durchlaufen einen rigorosen Prozess, um eine Lizenz zu erhalten. Sie werden auch ständig geschult, damit sie sich mit den neuesten Forschungsergebnissen und Ansätzen vertraut machen können.
Einige Therapeuten haben unterschiedliche Spezialgebiete, wie z.B. Trauerberatung oder Wutbewältigung. Suchen Sie nach einem Therapeuten, der speziell für die Behandlung von Zwangsstörungen ausgebildet ist. Er oder sie hat wahrscheinlich sowohl eine Ausbildung als auch Erfahrung darin, Menschen wie Ihnen zu helfen, sich von ihren Zwängen zu befreien.

Voreingenommenheit vermeiden

Wenn Sie an einer Zwangsstörung leiden, besteht die Wahrscheinlichkeit, dass Sie sich die Schuld für etwas geben, das in der Zukunft passieren könnte. Wahrscheinlich verurteilen Sie sich selbst. Sehr hart. Sehr sehr hart. Es gehört jedoch zum Achtsamkeitsgefühl, seine gegenwärtige Realität zu akzeptieren, ohne sich selbst, andere oder die Dinge, die gerade geschehen, zu verurteilen. Das bedeutet, dass Sie, was auch immer geschieht, sich selbst oder den Menschen um Sie herum keine Schuld geben. Ja, vielleicht hätten Sie die Dinge anders machen und andere Ergebnisse sehen können. Sie müssen jedoch erkennen, dass Sie nicht das Problem sind.

Vergeben Sie sich selbst. Sie sind nicht perfekt, und das ist in Ordnung. Sie haben wahrscheinlich einige Fehler gemacht, einige davon ziemlich groß. Sie haben wahrscheinlich andere Menschen verletzt und auch sich selbst verletzt. Keine Angst, Sie sind damit unter keinen Umständen alleine. Das hat jeder andere auf dem Planeten auch. Anstatt sich selbst zu verurteilen und zu bestrafen, sollten Sie sich verzeihen, dass Sie nicht perfekt sind. Das bedeutet, dass Sie sich so akzeptieren, wie Sie sind, Ihre Zwangsstörung und alles andere was dazu gehört. Obwohl Sie die Fehler, die Sie machen, sicher minimieren wollen, müssen Sie erkennen, dass jeder Fehler macht. Einige Fehler sind zwar nicht in Ordnung, und vielleicht haben Sie einige gemacht, die nicht in Ordnung waren, aber Sie sind in Ordnung, so wie Sie sind. Sie brauchen sich nicht zu ändern. Lieben Sie sich so, wie Sie sind.

Vergeben Sie anderen. Das ist leichter gesagt als getan, denn wenn Sie wie jeder andere auf dem Planeten sind, sind Sie wahrscheinlich von den Menschen um Sie herum sehr verletzt worden. Vielleicht haben Sie das Gefühl, dass Sie nie wieder einer anderen Person vertrauen können. Etwas, das Ihnen jemand anderes angetan hat, könnte tatsächlich der Grund für Ihre Angst und Ihre Zwangsstörung sein. Vergebung ist jedoch der einzige Weg, um Freiheit von dem zu finden, was geschehen ist. Ein weiser Mensch sagte, Vergebung sei die Befreiung eines Gefangenen und die Feststellung, dass Sie der Gefangene sind.

Jemandem zu vergeben bedeutet nicht, dass man das, was diese Person getan hat, herunterspielt oder vergisst. Es bedeutet, dass man die Realität dessen, was passiert ist, genau in Betracht zieht, sie voll anerkennt und dann die Verbindung zu ihr abbricht. Der Prozess ist nicht einfach. Es ist tatsächlich eine sehr, sehr schwierige Sache, die man tun muss. Vielleicht sind Sie nicht bereit zu vergeben, aber vielleicht sind Sie bereit, bereit zu sein, zu verzeihen. Wenn Sie sich von all dem Groll befreien, den Sie Ihrem Feind, Ihrem Leben und sogar sich selbst gegenüber hegen, werden Sie einen lang anhaltenden Frieden finden. Ein religiöser Geistlicher, ein Therapeut oder ein vertrauter Freund kann Ihnen helfen, denen zu vergeben, die Sie verletzt haben.

Trennen Sie sich von Ihrer Zwangsstörung. Sie sind nicht Ihre Zwangsstörung. Es ist etwas, mit dem Sie sich auseinandersetzen müssen. Sie müssen lernen, damit umzugehen, und Sie lernen, damit umzugehen, da Sie bereits an dieser Stelle in diesem Buch angekommen sind. Es definiert Sie jedoch nicht. Es macht Sie nicht zu dem wunderbaren Menschen, der Sie sind.

Loslassen und Spaß haben

Während für manche Menschen die Luft, die sie atmen, Spaß macht, kann sie für viele Menschen mit einer Zwangsstörung tatsächlich eine ziemliche Herausforderung sein. Wie soll man schließlich aufhören, sich über die Ofenknöpfe oder die Haustür Gedanken zu machen? Was soll man tun, wenn die ängstlichen, sich wiederholenden Gedanken aufkommen? Was ist, wenn die Leute herausfinden, dass Sie verrückt sind?

Entspannen Sie sich. Sie sind nicht verrückt. Wenn Sie jedoch schon eine Weile an einer Zwangsstörung leiden, ist Ihr Gehirn wahrscheinlich so verdrahtet, dass es tatsächlich eine Herausforderung sein kann, Spaß zu haben. Es ist schwer, sich zu entspannen, wenn Sie intensive Angst haben und sich ständig Sorgen machen.

Aber rauszugehen und Spaß zu haben kann ein wirksames Mittel sein, um mit Ihrer Angst umzugehen. Vielleicht haben Sie das Gefühl, dass es Ihnen nicht erlaubt ist, Spaß zu haben, oder dass Sie dazu verdammt sind, unglücklich zu sein. Und wer sind Sie, dass Sie sich mit dem Schicksal anlegen? Manchmal ist es eine Herausforderung, einfach aus dem Haus zu gehen. Am Anfang wird es wahrscheinlich schwer sein, aber Ihr Gehirn wird die Hormone freisetzen, die Sie auf natürliche Weise glücklich machen und einen Teil Ihrer Angst vertreiben werden.

Wenn Sie feststellen, dass Sie zu ängstlich sind, um das Haus zu verlassen, sollten Sie erwägen, jemanden zu einem Besuch einzuladen. Sie können zusammen zu Abend essen und sich dann einen Film ansehen. Vielleicht machen Sie sich Gedanken darüber, ob die andere Person tatsächlich Spaß haben wird oder nicht. Wenn das der Fall ist, lassen Sie die andere Person auswählen, welchen Film sie sich ansehen und/oder was sie essen möchte. Seien Sie nett zu sich selbst und versuchen Sie nicht mehr zu tun, als Sie können.

Bevor Sie ausgehen oder jemanden vorbeikommen lassen, sollten Sie sich vielleicht darauf vorbereiten, indem Sie sich in Achtsamkeit üben. Beginnen Sie mit einigen Tiefatmungsübungen. Meditieren Sie, um Ihre ängstlichen Gedanken zu vertreiben und sie durch positive zu ersetzen. Schließlich werden Sie eine wirklich gute Zeit haben und sich amüsieren! Fühlen Sie sich durch das Ausgehen gestresst? Schreiben Sie in Ihrem Tagebuch auf, wie Sie sich darüber fühlen. Was ist mit dem Ausgehen, wenn Sie sich gestresst fühlen? Warum glauben Sie, dass Sie diesen Auslöser haben? Was können Sie tun, um die Angst abzubauen, damit Sie sich so viel wie möglich amüsieren können?

Für diejenigen, die selbstbewusst sind, kann Ausgehen und Spaß haben tatsächlich der Inbegriff von Achtsamkeit sein. Sie erleben gezielt Dinge, die Ihnen Freude bereiten und Ihnen Spaß bringen. Sie genießen die Erfahrung der Freude, indem Sie jeden Moment, alle Menschen, mit denen Sie zusammen sind, was Sie tun, und die Gelegenheit, Spaß zu haben, schätzen. Wenn Sie an einer Zwangsstörung leiden und daran arbeiten, achtsam zu sein, können Sie absichtlich Erinnerungen schaffen, auf die Sie zurückblicken und die Sie in Ihrem Geist wieder erleben können, wenn Sie sich besonders gestresst oder ängstlich fühlen.

Zusammenfassung

Achtsamkeit ist für jeden möglich. Sie ermöglicht es uns, alles etwas langsamer angehen zu lassen und unser Leben tatsächlich zu erleben, anstatt mit halsbrecherischer Geschwindigkeit durch unser Leben zu rasen. Sie hält uns davon ab, uns selbst und die Menschen um uns herum zu beurteilen, und hilft uns, die Dinge so zu akzeptieren, wie sie sind. Wahrscheinlich kennen Sie viele Menschen, die von einer solchen Einstellung profitieren könnten.

Für Menschen mit einer Zwangsstörung hat Achtsamkeit besondere Vorteile, da sie die Symptome und Zwänge tatsächlich verringert und ihnen helfen kann, ein sinnvolleres und befriedigenderes Leben zu führen. Wenn Sie an einer Zwangsstörung leiden, können Sie die oben genannten Richtlinien für Achtsamkeit befolgen, um Ihre Angst zu verringern und sich von Ihren Zwängen zu befreien. Achtsamkeit scheint daher eine eher einfache Sache zu sein.

So einfach, dass man meinen könnte, sie sei geistlos! Nichts könnte jedoch weiter von der Wahrheit entfernt sein. Sich selbst zu disziplinieren, selbst nur tief zu atmen, ist schwer. Meditieren ist schwer. Es bedeutet, dass Sie Ihre Aufmerksamkeit absichtlich von den negativen Gedanken, die Ihren Geist wahrscheinlich fast jede Minute des Tages erfüllen, wegbringen. Tagebuch zu führen ist entspannend und heilsam, aber niemand hat gesagt, dass es leicht ist. Ihr geschäftiges Leben zu verlangsamen, besonders wenn Sie es mit Aufgaben über Aufgaben gefüllt haben, um Ihren Schmerz und Ihre Angst zu vermeiden, ist schwer.

Es ist schwer, sein Handy auszuschalten. Menschen zu vergeben, die Ihnen wehgetan haben, sich wirklich dem Schmerz zu stellen, den Sie erlebt haben, und auf Ihr Recht zu verzichten, über die Person zu urteilen, die Ihnen den Schmerz zugefügt hat, ist nicht leicht. Das sind alles Gewohnheiten, die Sie sich mit vollen Absichten aneignen müssen. Sie passieren nicht einfach so.

Vielleicht müssen Sie einen professionellen Therapeuten finden, der Sie durch den Prozess der Achtsamkeit und damit der Verringerung Ihrer Symptome der Zwangsstörung führt. Wahrscheinlich möchten Sie auch Menschen finden, wie Freunde und Familie, die Sie unterstützen können. Vielleicht wollen sie sich an Ihrer Reise zur Achtsamkeit beteiligen und Sie können sich gegenseitig dafür verantwortlich machen, dass Sie täglich Achtsamkeitstechniken praktizieren. Die Reise wird schwierig sein. Aber das Endergebnis wird die Mühe durchaus wert sein. Sie werden Freiheit von vielen Ihrer Zwänge finden und in der Lage sein, Ihr Leben zurückzubekommen.

Minimalistisches Budget Auf Deutsch/ Minimalist budget in German:

Einfache Strategien, um mehr zu sparen und sich finanziell abzusichern

Kapitel 1 - Die Psychologie des Einkaufs

Es gibt viele Gründe, warum Menschen Dinge kaufen, aber die Psychologie wird Ihnen sagen, dass es die vier grundlegendsten psychologischen Verhaltensweisen gibt, die Ihnen helfen zu verstehen, warum Sie kaufen, was Sie kaufen. Diese vier Faktoren sagen laut Psychologen auch die Dinge voraus, die Sie in Zukunft kaufen werden.

Faktor Nr. 1 - Befriedigung der Bedürfnisse

Dies ist der wichtigste Grund, warum Menschen Dinge kaufen - wegen eines Bedürfnisses, das sie erfüllen müssen. Die meisten Dinge, die Menschen kaufen, werden gekauft, weil es ein intrinsisches Bedürfnis gibt, das sie erfüllen müssen. Die Bedürfnisse können als grundlegend oder komplex klassifiziert werden.

Grundlegende Objekte sind solche, die Ihre Grundbedürfnisse erfüllen. Diese Grundbedürfnisse sind oft mit körperlichen Bedürfnissen verbunden. Dinge, die Ihr Körper braucht, um normal zu funktionieren, werden als Grundbedürfnisse bezeichnet. Beispiele für Grundbedürfnisse sind Nahrung, Wasser und Unterkunft.

Komplexe Bedürfnisse sind solche, die Ihre emotionalen, spirituellen und anderen Formen nicht-physischer Bedürfnisse erfüllen. Dazu können gehören, Freunde zu haben, einer Gruppe anzugehören oder ein Hobby zu übernehmen, das Sie entspannt. Komplexe Bedürfnisse überschneiden sich manchmal mit den anderen Bedürfnissen, die psychologische Gründe haben, warum Menschen Dinge kaufen.

Faktor Nr. 2 - Aufmerksamkeit und Wahrnehmung

Dieser psychologische Faktor beim Kauf ist das, worauf Werbetreibende und Marketing-Teams Einfluss haben. Diese beiden gehen Hand in Hand, denn die Wahrnehmung ist oft von der Aufmerksamkeit abhängig.

Das Ziel eines Werbetreibenden ist es, die Aufmerksamkeit der Kunden lange genug zu erhalten, damit sie eine Wahrnehmung des verkauften Produkts aufbauen können. Die Wahrnehmung kann günstig sein oder nicht. Das Ziel besteht immer darin, eine positive Wahrnehmung zu erzeugen, damit die Menschen das Produkt kaufen wollen.

Um die Aufmerksamkeit des Käufers zu erregen, stellen Werbetreibende sicher, dass ihre Werbung eingängig, witzig und wirklich aufmerksamkeitserregend ist. Einige Werbetreibende verwenden Spezialeffekte, ungewöhnliche Ideen und Gimmicks, um den Käufer dazu zu bringen, sich ihr Produkt anzusehen oder ihn darauf aufmerksam zu machen, dass es ein solches Produkt gibt.

Wenn die Aufmerksamkeit des Käufers erstmal eingefangen ist, kann er sich eine Vorstellung von der Art des verkauften Produkts machen. Wenn er feststellt, dass das Produkt ihm ein gutes Gefühl gibt oder seine Bedürfnisse erfüllt, wird der Käufer diesen Artikel in den meisten Fällen kaufen. Wenn er nicht das Gefühl hat, dass der Artikel ihm keinen Nutzen bringt, oder wenn ihm die Botschaft, die die Werbung vermittelt, nicht gefällt, wird der Käufer das Produkt wahrscheinlich nicht kaufen wollen.

Die meisten Inserenten wissen, dass die Wahrnehmung verändert werden kann. Deshalb verwenden sie eine Taktik, die Wiederholung und Verzerrung genannt wird.

Wiederholung ist, wenn sie das Produkt immer wieder in verschiedenen Kanälen zeigen, in denen ein Käufer es am ehesten sehen wird. Zu diesen Kanälen gehören TV, Print und Online. Je öfter eine Person diese sich wiederholenden Werbungen sieht, desto mehr bleiben die Produkte in ihrem Gedächtnis haften. Dies erleichtert es ihnen, sich an die Marketingbotschaft zu erinnern, wenn sie z.B. in einem Supermarkt mit diesem Produkt konfrontiert werden. Die Vertrautheit verleitet eine Person eher dazu, es zu kaufen.

Verzerrung ist eine Form der Manipulation der Wahrnehmung der Person, um das Produkt in den Augen des Käufers günstiger zu machen. Ein gutes Beispiel für eine Verzerrung ist es, etwas, das oft als schlecht empfunden wird, gut aussehen zu lassen. Eine Pistole beispielsweise ist etwas, das Menschen mit dem Tod oder als Waffe, die Menschen schaden kann, in Verbindung bringen würden. Aber Waffenhersteller würden sie als eine Form des Schutzes vermarkten oder als etwas, das die Personen, die man liebt, in Sicherheit bringen kann.

Faktor Nr. 3 - Wissen und Konditionierung

Um ein Produkt zu kaufen, werden die meisten Leute ihre Nachforschungen über dieses bestimmte Produkt anstellen. Dies gilt für Artikel, die die Person noch nie benutzt hat oder für Artikel, die teuer sind. Eine durchschnittliche Person wird vor dem Kauf alles über das Produkt herausfinden, was sie kann.

Manche Menschen werden durch das Wissen über das Produkt beeinflusst, das sie von anderen Personen erhalten haben. Wenn das Wissen über das Produkt nicht gut ist, besteht die Aufgabe eines Werbetreibenden darin, die Person dazu zu bewegen, ihre Wahrnehmung zu ändern, indem er ihr ein anderes Wissen vermittelt, das sie anspricht, bevor sie zum Kauf des Produkts überzeugt werden kann.

Das Wissen und das Lernen aus den Erfahrungen anderer Menschen beeinflusst auch die Art und Weise, wie Menschen Dinge kaufen. Das ist der Grund, warum sich die Menschen an Rezensionen, Unpack with Me Videos, Muster und Probier-vor-Kauf-Promos wenden, bevor sie das kaufen, was die Werbetreibenden Ihnen anpreisen. Rezensionen zeigen dem Käufer eine tatsächliche Begegnung mit dem Produkt, ohne dass er das Produkt kauft.

Faktor Nr. 4 - Überzeugungen, Kulturen und Einstellungen

Ein großer Faktor in der Kaufpsychologie ist die Gesamtheit der Überzeugungen, Kulturen und Einstellungen einer Person. Eine Person kann zum Kauf von etwas beeinflusst werden, weil es etwas ist, das ihrem System eingeimpft wurde, noch bevor sie ihre Wahrnehmung eines bestimmten Produkts geformt hat. Es ist etwas, das zur Gewohnheit und zu einer dauerhaften Sache im Leben einer Person geworden ist.

Ein gutes Beispiel dafür ist, wenn eine Person kein Schweinefleisch kauft, weil ihr Glaube vorschreibt, dass Schwein ein Tier ist, das mit einem Aasfresser in Verbindung gebracht wird, der Schmutz und Dreck frisst. Menschen mit diesem Glauben werden schon früh in ihrem Leben gelehrt, dass Schweinefleisch schmutzig ist, so dass sie es um jeden Preis vermeiden.

Dies sind nur einige der häufigsten psychologischen Faktoren, die erklären können, warum Menschen einen bestimmten Artikel kaufen oder nicht kaufen. Es gibt weitere Gründe, die oft weitaus komplexer sind als diese vier. Diese komplexen Gründe sind oft Kombinationen dieser vier grundlegenden Einflussfaktoren.

Kapitel 2 - Wie man Werbung ignoriert

Werbung wird hauptsächlich geschaffen, um den Kunden eine Vorstellung davon zu geben, welche Produkte auf dem Markt erhältlich sind und um sie zum Kauf dieser Produkte zu verleiten. Sie werden im Fernsehen, in der Presse und im Internet gezeigt. Große Unternehmen zahlen viel Geld, um die beste Sendezeit im Fernsehen oder die Plakatwerbung an den verkehrsreichsten Straßen zu bekommen. Sie investieren ebenfalls riesige Geldsummen in Marketingteams und Designer, um der Konkurrenz voraus zu sein.

Wenn man nicht hintern Mond lebt, kann man der Werbung nicht wirklich entgehen. Sie kommt aus so vielen verschiedenen Kanälen, dass es schwer ist, sie wirklich vollständig zu blockieren. Aber es gibt einen Weg, sie zu ignorieren. Einige der effektivsten Wege werden hier detailliert beschrieben:

Verringern Sie Ihre Exposition - Fernsehen und Internet gehören zu den häufigsten Orten, an denen Werbung gezeigt wird. Verringern Sie Ihre Exposition gegenüber diesen Kanälen und Sie verringern Ihre Exposition gegenüber Werbung. Wenn Sie beispielsweise fernsehen, können Sie versuchen, in Werbepausen aufzustehen und andere Dinge zu tun, anstatt durch die Werbung zu sitzen und sie gedankenlos anzuschauen. Durch das Ansehen von Werbespots werden die Produkte wiederholbar und leicht abrufbar, so dass Sie anfälliger für Impulskäufe werden.

Sie können Werbepausen nutzen, um auf die Toilette zu gehen, sich aufzusetzen, mit der Person zu sprechen, neben der Sie sitzen, oder Ihre E-Mails zu lesen. Schalten Sie den Fernseher während der Werbung stumm, um sicherzustellen, dass Sie nichts hören.

Adblocking-Software - wenn Sie das Internet benutzen müssen (wie fast jeder andere auch), können Sie eine gute Adblocking-Software finden, die Werbung filtern kann, so dass Sie sie nicht so oft sehen oder sehen müssen. Diese Adblocker haben oft einen Preis. Wählen Sie einen, der Ihren Bedürfnissen und Ihrem Budget entspricht.

Verwenden Sie Abonnementdienste - Einige Abonnementdienste wie Netflix ermöglichen es Ihnen, Fernsehen zu sehen, ohne dass Sie alle 10 Sekunden von Werbung unterbrochen werden. Sie müssen für diese Dienste auf monatlicher Basis bezahlen, aber Sie können sicher sein, dass Sie keine Werbung sehen müssen, während Sie Ihre Sendung genießen.

Steigern Sie Ihr Wissen - je mehr Sie über ein Produkt wissen, desto geringer ist die Wahrscheinlichkeit, dass Sie die Promos und Gimmicks anerkennen, die in anderen Werbespots gezeigt werden. Sie können eine Werbung besser ignorieren, wenn Sie ein Produkt in- und auswendig kennen. Wenn Sie das Innere und Äußere Ihrer Lieblingsprodukte kennen, sind Sie weniger anfällig für den Kauf eines neuen Produkts, nur weil die Worte NEU und VERBESSERT auf der Verpackung stehen.

Vermeiden Sie Window-Shopping - für manche mag dies schwer zu bewerkstelligen sein. Aber das Einkaufszentrum oder den Online-Shop ganz zu meiden, ist eine der besten Möglichkeiten, Werbung zu ignorieren. Nutzen Sie Ihre Zeit statt des Schaufensterbummels für produktivere, aber ebenso angenehme Aktivitäten. Schreiben Sie in Ihr Tagebuch, gehen Sie joggen, lesen Sie ein Buch oder nehmen Sie ein neues Hobby auf.

Lernen Sie, mit dem zufrieden zu sein, was Sie haben - Einer der Gründe, warum Anzeigen funktionieren, ist, dass sie immer versuchen, die Kunden davon zu überzeugen, dass sie dieses bestimmte Produkt in ihrem Leben brauchen, um besser leben zu können. Aber wenn eine Person mit dem zufrieden ist, was sie hat, wird sie weniger geneigt sein, dieses Produkt zu kaufen. Wenn Ihr Telefon zum Beispiel noch funktioniert und seinen Zweck erfüllt und Sie mit seiner Leistung zufrieden sind, werden Sie nicht daran denken, es zu ersetzen, sobald das neue Modell herauskommt. Sie werden die neuen Funktionen nicht so sehr wollen, weil Sie mit Ihrem Telefon zufrieden sind.

Seien Sie wachsam - seien Sie auf der Hut vor Werbung, die Wundermittel anbietet und unglaubliche Behauptungen anstellt. Diese Werbung wird oft in Form von Infomercials präsentiert. Obwohl ihre Behauptungen an das Unmögliche grenzen, überzeugen alle Informationen, Forschungsergebnisse, Expertenmeinungen und Aussagen, die sie in ihren Werbespots machen, die Verbraucher von der Wirksamkeit ihres Produkts. Seien Sie vorsichtig mit diesen Taktiken und fallen Sie nicht sofort auf diese falsche Werbung herein.

Befreien Sie sich von der Versuchung - Nehmen Sie keine in den Einkaufszentren verteilten Flyer, nehmen Sie keine Spam- und Junk-Mails an und abonnieren Sie keine Newsletter oder Text-Alerts für den Einzelhandel. Diese informieren Sie über neue Produkte, für die Sie unbedingt Geld ausgeben müssen. Je weniger Sie wissen, desto einfacher können Sie nichts kaufen. Außerdem werden Sie, wenn Sie etwas wirklich brauchen, auf jeden Fall danach suchen. Sie müssen den Vermarktern nicht nachgeben, wenn sie Ihnen sagen, dass Sie ihre Produkte brauchen.

Es kann Ihnen anfangs schwer fallen, diese Dinge zu tun, vor allem, wenn Ihre Gewohnheiten die Aktivitäten beinhalten, die Sie vermeiden müssen, d.h. gedankenloses Fernsehen. Aber mit

Übung und einer guten Portion Willenskraft können Sie zum Experten im Ignorieren von Werbung werden. Wenn Sie weiter üben, wird es Ihnen bald in Fleisch und Blut übergehen, sodass Sie es nicht mal mehr bemerken, das Sie es tun.

Kapitel 3 - Wie man über zwanghafte Ausgabegewohnheiten hinwegkommt

Zwanghafte Ausgaben, wie sie von vielen psychologischen Experten definiert werden, sind ein menschliches Verhalten, bei dem eine Person einen enormen Aufwand an Zeit und Mühe aufwenden würde, um Dinge so zu kaufen, dass sie ihr Leben und ihre Beziehungen belasten oder beeinträchtigen.

Diese Art des Geldausgebens wird als ein psychologisches Problem betrachtet, das oft eine Intervention und Hilfe von qualifizierten Therapeuten erfordert. Sie wird manchmal als eine Form der Sucht angesehen, weil eine Person ein natürliches Hoch erlebt, wenn sie einen Gegenstand erwirbt. Dieses Hoch kann so süchtig machen, dass eine Person Geld und Eigentum verliert und Beziehungen zerstört.

Die häufigste Auswirkung des zwanghaften Einkaufens ist für manche Menschen das Gefühl des Glücks. Zwanghafte Konsumenten fühlen sich jedes Mal glücklich, wenn sie etwas kaufen. Aber sie bereuen es sofort, weil es in der Regel dazu führt, dass sie sich am Ende tief verschulden. Sie neigen dazu, immer dann, wenn sie deprimiert oder traurig sind, Sachen zu kaufen, um sie glücklich zu machen. Ihre Einkaufsgewohnheiten geraten außer Kontrolle und führen manchmal zu Meinungsverschiedenheiten und Zwietracht zwischen ihnen und den Menschen, die sie lieben. Es bilden sich Gräben, bis die Familien wegen dieser Sucht auseinander gerissen werden.

Um Ihnen zu helfen, Ihre zwanghaften Ausgabegewohnheiten zu überwinden, hier einige der wirksamsten Möglichkeiten.

Zerschneiden Sie Ihre Kreditkarten - manche Menschen sehen Kreditkarten nicht als schädlich an, weil sie nicht sehen, dass tatsächlich Geld zwischen ihnen und dem Einzelhandelsgeschäft ausgetauscht wird. Das gibt Ihnen die Illusion, dass Sie nicht wirklich Geld ausgeben. Sie werden selbstbewusster beim Ausgeben, weil Sie sehen, dass Sie noch ein Guthaben auf Ihrem Bankkonto haben. Aber wenn die Rechnung kommt, werden Sie feststellen, dass Sie mehr Einkäufe als Geld auf der Bank haben.
Um sicherzustellen, dass Sie nicht unnötig Geld ausgeben, sollten Sie wissen, wohin Ihr Geld geht. Es ist am besten, wenn Sie Ihr Geld in bar ausgeben. Wenn Sie sehen, dass Ihr Geld schwindet, werden Sie weniger wahrscheinlich weiter einkaufen.

Bringen Sie genaue Beträge mit - Sie wissen, wie hoch die Busfahrpreise sind. Ihr Essensgeld oder die Verpflegungszulage für den Tag sollten Sie ebenfalls einplanen, damit Sie Ihr Limit kennen. Bringen Sie nur so viel Geld für den Tag mit, damit Sie nicht in Versuchung kommen, etwas zu kaufen, während Sie durch das Einkaufszentrum fahren.

Wenn Sie befürchten, in einen Notfall zu geraten, können Sie genug Geld mitbringen, um nach Hause zu kommen, aber achten Sie darauf, dass es nicht in der gleichen Tasche oder Brieftasche wie Ihr Taschengeld ist, damit Sie es nicht "versehentlich" ausgeben. Verwenden Sie es nur für tatsächliche Notfälle.

Verfolgen Sie die Dinge, die Sie kaufen - wenn Sie die Dinge, die Sie kaufen, im Auge behalten, ist die Wahrscheinlichkeit geringer, dass Sie doppelte Einkäufe tätigen. Es hilft Ihnen auch, sich Ihrer Ausgaben bewusster zu werden. Wenn Sie Ihre Ausgaben zurückverfolgen, können Sie besser verstehen, wohin Ihr Geld fließt. Erstellen Sie eine Liste mit Hilfe einer App oder der Notizfunktion Ihres Telefons, um es Ihnen leichter zu machen.

Warten Sie vor dem Kauf - Kaufen Sie einen Artikel erst, wenn Sie einige Zeit gewartet haben. Etwa 30 - 60 Minuten sind eine gute Wartezeit. Wenn Sie einen Artikel sehen, den Sie wirklich kaufen wollen, wird Ihr Körper aufgeregt und die Logik fliegt oft zur Tür hinaus. Beruhigen Sie sich und gehen Sie von dem Artikel weg. Wenn Sie nach einiger Zeit diesen Artikel immer noch nicht vergessen können oder das Gefühl haben, dass Sie ihn noch brauchen, ist es Zeit, ihn zu kaufen. Die Chancen stehen gut, dass Ihr Gehirn die Logik erkannt hat und Sie erkennen, dass Sie kein weiteres rosa Hemd brauchen, da Sie bereits 10 zu Hause haben.

Benutzen Sie eine Liste und halten Sie sich daran - Der Supermarkt ist eine primäre Falle für Spontankäufe. Bei so vielen Artikeln, die um Ihre Aufmerksamkeit konkurrieren, ist es oft schwer, nicht nachzugeben und sie aus den Regalen zu nehmen und in den Einkaufswagen zu legen. Aber wenn Sie eine Liste haben und die genauen Orte kennen, an denen Sie die Artikel auf Ihrer Liste finden können, ist es weniger wahrscheinlich, dass Sie durch Gang für Gang mit Lebensmitteln und Einkaufsartikeln wandern.

Holen Sie sich die Hilfe eines Kumpels - Finden Sie Menschen, deren Willenskraft stärker ist als Ihre, und bringen Sie sie auf Ihren Einkaufstouren mit. Sie werden Ihnen helfen, Sie an Ihre Nichtkaufpolitik zu erinnern. Achten Sie nur darauf, dass Sie sich an ihre Mahnungen halten, sonst ist es zwecklos, sie mitzubringen, wenn Sie ihren Rat einfach ignorieren.

Machen Sie jedes Mal etwas anderes, wenn Ihnen nach Einkaufen zumute ist - gehen Sie spazieren, treiben Sie Sport, setzen Sie Ihr Hobby fort oder schlafen Sie. Beschäftigen Sie sich, damit Sie nicht ans Einkaufen denken.

Der Schlüssel zur Überwindung Ihrer zwanghaften Ausgaben ist Selbstkontrolle und Selbstbewusstsein. Sobald Sie Ihre Triebe unter Kontrolle haben und in der Lage sind, sie auf bessere Aktivitäten zu lenken, werden Sie dem Ruf der Einzelhandelstherapie weniger nachgeben.

Kapitel 4 - Ihr Selbstvertrauen durch Budgetierung steigern

Die Budgetierung ist eine uralte Praxis, bei der Menschen Mittel für Dinge bereitstellen, die sie kaufen oder für die sie sparen müssen. Menschen, die ihr Geld budgetieren, würden planen, wie das Geld ausgegeben wird, so dass alle Rechnungen erledigt und die Bedürfnisse erfüllt werden. Dabei wird das Einkommen berücksichtigt und mit den Dingen abgeglichen, die man für ein komfortables Leben benötigt.

Für manche Menschen ist es schwierig, ein Budget zu erstellen, besonders wenn ihre Mittel oder Einkommensquellen begrenzt sind. Aber mit einer minimalistischen Budgetierung ist ein Budget immer möglich, egal wie gering Ihr Einkommen ist.

Was ist ein minimalistisches Budget?

Ein minimalistischer, lose definierter Haushalt ist jemand, der in seinem Leben nur einige wenige Dinge benötigt und nicht das Bedürfnis verspürt, ihn mit materiellen Dingen zu füllen. Sie werden sehen, dass Minimalisten manchmal mit weniger als 100 Dingen leben und sich trotzdem glücklich fühlen, obwohl sie nicht das haben, was andere als Luxus im Leben betrachten.

Ein minimalistischer Haushalt ist etwas Ähnliches. Menschen, die Experten für diese Art von Budget sind, sind von Natur aus meist Minimalisten. Sie halten die Dinge einfach, damit sie nicht so viel ausgeben müssen. Sie legen mehr Wert auf Qualität als auf Quantität, so dass ihre materiellen Besitztümer länger halten als die meisten Gegenstände im Schrank einer normalen Person. Sie sind anspruchsvoller und legen mehr Wert auf Haltbarkeit und Langlebigkeit als auf Popularität und Ästhetik.

Minimalistische Budgets bedeuten nicht immer, dass man weniger ausgeben muss. Die meisten Artikel, die Minimalisten kaufen, sind von hoher Qualität, so dass es am Anfang manchmal teurer sein kann, sich aber am Ende auch auszahlt. Der Kauf eines hochwertigen Produkts bedeutet, dass sie das Produkt nicht über einen längeren Zeitraum hinweg ersetzen müssen, da es haltbarer und langlebiger ist.

Verbessern Sie mit diesen Tipps Ihr Selbstvertrauen bei der Budgetierung Um wirklich ein minimalistisches Budget zu schaffen und Ihr Selbstvertrauen in die Budgetierung zu stärken, können Sie diese einfachen Ideen ausprobieren. Diese werden Ihnen helfen, Ihre Ausgaben zu verwalten, ohne dass Sie das Gefühl haben, etwas zu verlieren. Sie helfen Ihnen auch beim Übergang zu einem voll zugesagten minimalistischen Budget:

Finden Sie heraus, wohin Ihr Geld fließt - als erstes müssen Sie Ihre Ausgaben auflisten. Die Auflistung Ihrer Ausgaben wird Ihnen helfen, Ihre Ausgabenfallen zu erkennen. Ist es Kleidung? Ist es zu viel teurer Kaffee aus Ihrem örtlichen Café? Wenn Sie erst einmal herausgefunden haben, wo Ihre Geldfallen liegen, können Sie sie bewusst vermeiden. Wenn Sie ein Budget für diese Ausgaben haben, könne n Sie den Betrag, den Sie ausgeben, begrenzen oder kürzen.

Ordnen Sie die Beträge zunächst den wichtigeren Posten zu - listen Sie die Dinge auf, die bezahlt werden müssen und wann sie fällig sind. Legen Sie das Geld für diese Ausgaben beiseite, sobald Sie Ihre Einnahmen haben. Achten Sie darauf, dass Sie das Geld nicht für andere Dinge anfassen.

Manche Leute benutzen die Methode des Umschlags, bei der sie das Geld in verschiedene Umschläge stecken. Wenn es an der Zeit ist, diese Ausgaben zu bezahlen, nehmen sie einfach diesen speziellen Umschlag heraus, während der Rest unberührt bleibt.

Nehmen Sie die Hilfe aller in Ihrem Haushalt in Anspruch - wenn Sie der einzige sind, der den Haushalt führt, während der Rest Ihrer Familie Verschwender sind, werden Sie am Ende frustriert und nachtragend gegenüber allen um Sie herum sein. Die Erstellung eines minimalistischen Budgets erfordert den Einsatz und die Kooperation der Menschen in Ihrer Umgebung. Sie sollten ihnen den Grund für Ihr Budget verständlich machen, damit sie sich nicht benachteiligt fühlen.

Vergleichen Sie Marken und Angebote - wenn Sie große Posten kaufen, sollten Sie nicht einfach die erste Gelegenheit oder das erste Geschäft, das sich Ihnen bietet, ergreifen. Finden Sie die besten verfügbaren Angebote heraus, bevor Sie den Sprung wagen. Prüfen Sie auch den Zahlungsplan, damit Sie nicht von dem Betrag überrascht werden, den Sie für die Zahlung der Rate oder des Restbetrags ausgeben müssen.

Beim Autokauf sollten Sie beispielsweise herausfinden, wie lang die Garantien sind, was beim Kauf inbegriffen ist und welche anderen wichtigen Details Sie beachten sollten. Berücksichtigen Sie die monatlichen Zahlungen gegenüber Ihrem Budget und schauen Sie, ob Sie Kürzungen vornehmen müssen, damit es funktioniert. Kaufen Sie nicht nur, weil die Anzahlungen niedrig sind. Sie könnten am Ende mehr in monatlichen Raten zahlen.

Weisen Sie einen Betrag für Ersparnisse zu - ein Sparguthaben zu haben, das Sie nie anfassen, kann Ihnen ein Gefühl der Sicherheit vermitteln. Es ist wichtig, für Ersparnisse zu budgetieren, damit Sie an schlechten Tagen oder in schwierigen Situationen, die Bargeld erfordern, abgesichert sind. Die allgemeine Regel lautet,

20 % Ihres Einkommens für Ersparnisse aufzuwenden, aber Sie können noch mehr hinzufügen, wenn Sie dazu in der Lage sind.

Wissen, was verfügbar ist - manche Leute gehen einkaufen, um etwas zu kaufen, nur um festzustellen, dass sie es bereits zu Hause haben. Am Ende haben sie ein Vielfaches der gleichen Produkte. Wenn Sie wissen, was Sie haben und was nicht, werden Sie wahrscheinlich nicht einkaufen gehen, nur weil Sie es nicht finden können.

Budget für Nebensächlichkeiten - Notfälle oder Nebensächlichkeiten können eine Autopanne und Krankheit oder Behinderung beinhalten. Diese Fälle liegen oft nicht in Ihrer Hand, haben aber große Auswirkungen auf Ihr Leben. Nehmen Sie diese Posten in Ihr Budget auf, damit Ihr Einkommen oder Ihre Ersparnisse keinen großen Schaden nehmen, falls Sie auf solche Fälle stoßen sollten.

Die Budgetierung wird einfacher, je mehr man sie praktiziert. Gewöhnen Sie sich an, zu budgetieren, anstatt ohne Plan einzukaufen. Budgets mögen sich für manche eingeschränkt anfühlen, aber wenn Sie sich daran gewöhnt haben, werden Sie sehen, dass es immer wirtschaftlicher ist, als geistlos einzukaufen. Wenn Sie genug Übung haben, können Sie sich in Ihre Budgetierungsfähigkeiten hineinversetzen und schließlich Ihre unbekümmerten Ausgabetendenzen eindämmen.

Kapitel 5 - Verbessern Sie Ihr Ausgabeverhalten

Jetzt, da Sie wissen, wie man ein Budget erstellt, ist es an der Zeit, sich auf Ihre Ausgabengewohnheiten zu konzentrieren. Ihre Ausgabengewohnheiten sind die Dinge, die bestimmen, wie Sie Ihr Geld verwenden. Schlechte Ausgabegewohnheiten sind durch Impulskäufe, Bedauern der Käufe und erhöhte Schulden gekennzeichnet. Gute Ausgabegewohnheiten hingegen helfen Ihnen, sich aus der Verschuldung zu befreien, geben Ihnen finanzielle Freiheit und geben Ihnen ein sicheres Gefühl für Ihre Zukunft.

Um Ihre Ausgabegewohnheiten zu verbessern, müssen Sie wissen, was sie auslöst. Manche Menschen geben mehr aus, wenn sie sich traurig oder deprimiert fühlen. Andere haben Lust, mehr auszugeben, wenn sie glücklich sind. Auch hier fällt mir wieder dieser Stimmungsfaktor auf. Dies ist nicht der richtige Weg.

Wenn Sie deprimiert oder traurig sind oder sich emotional fühlen, können Sie leicht mehr ausgeben. Ihr Verstand wird herausfinden, dass Sie einen sehr schlechten Tag hatten und dass Sie etwas Neues brauchen, um glücklich zu bleiben. Das ist nur vorübergehendes Glück. Sie werden sich beim Kauf hocherfreut fühlen, aber Sie werden bald die Reue des Käufers spüren, besonders wenn Sie erkennen, dass Sie sich die Kosten für diesen Artikel nicht leisten können. Sie werden sich auch fühlen, als würden Sie in Schulden ertrinken, was den Zyklus der Depression weiter fortsetzen wird.

Wenn Sie sich traurig fühlen, sollten Sie es vermeiden, in Einkaufszentren oder an Orte zu gehen, an denen Sie am ehesten Geld ausgeben werden. Suchen Sie nach Aktivitäten, die Sie von

Ihrer Traurigkeit ablenken. Dinge wie das Spielen mit Haustieren im Park, das Lesen eines guten Buches oder das Schreiben in Ihr Tagebuch werden Sie beschäftigen und Sie von Ihrer Traurigkeit ablenken. Diese Aktivitäten sind auch nicht so teuer. Sie können ebenfalls versuchen, etwas Produktives zu tun. Lenken Sie Ihre Traurigkeit auf Kunst und Musik und schaffen Sie Lieder oder Kunstwerke. Sie können Ihre Traurigkeit loslassen und gleichzeitig etwas Schönes schaffen.

Ein weiterer Auslöser für Ausgaben ist Glück. Wenn Sie den Bonus bei der Arbeit für eine gut gemachte Arbeit erhalten, können Sie sich wie ein einmaliger Millionär fühlen. Das gibt Ihnen normalerweise das Gefühl, sich zu verwöhnen und viel Geld auszugeben, um Ihren Erfolg zu feiern. Es ist zwar nichts Falsches daran, Erfolge zu feiern, aber es ist auch wichtig zu wissen, dass zu viele Ausgaben Ihr Geld oder Ihren Bonus aufbrauchen, so dass Sie wieder von Gehaltsscheck zu Gehaltsscheck leben müssen. Vermeiden Sie diesen Fehler und verbrauchen Sie nicht Ihr ganzes Geld auf einmal. Weisen Sie sie den richtigen Kanälen zu, d.h. Einsparungen, Ausgaben und anderen wichtigen Dingen, bevor Sie es zum Feiern aufbrauchen.

Wenn Sie auf einen Geldsegen oder Geldzufluss stoßen, ist es das Beste, die Ausgaben zu drosseln, wenn Sie sich zurückziehen und einfach durchatmen. Das natürliche Hochgefühl, das Sie durch den Erhalt des Geldes empfinden, wird irgendwann nachlassen, und Sie werden Ihre Ausgabegewohnheiten besser unter Kontrolle haben. Sie werden eine vernünftigere Perspektive gewinnen, wenn der anfängliche Nervenkitzel vorbei ist, und die Wahrscheinlichkeit, dass Sie das Geld ausgeben, wird geringer sein.

Die beste Zeit zum Einkaufen ist dann, wenn Sie nicht zu viele turbulente und extreme Emotionen empfinden, die Ihr Ausgabeverhalten beeinflussen können. Kaufen Sie nur dann ein, wenn Sie sich besonnen fühlen. Die meisten Menschen schlagen auch vor, nach dem Essen einzukaufen, denn wenn Sie hungrig sind, geben Sie eher Geld für Dinge aus, die das Hungergefühl überdecken.

Eine weitere Möglichkeit, Ihr Ausgabeverhalten zu verbessern, besteht darin, sich Ihrer selbst bewusst zu werden. Sie sollten die Ursache kennen, warum Sie mehr als nötig ausgeben. Wenn Sie die Gründe dafür kennen, sind Sie besser in der Lage, diese Ursachen zu vermeiden, so dass Sie nie das Bedürfnis verspüren werden, mehr auszugeben.

Kapitel 6 - Sparstrategie zum Schuldenabbau

Verschuldung ist etwas, das jeder irgendwann im Leben erlebt. Wenn Sie wegen Ihrer Ausgaben sehr viel Schulden haben und das Gefühl haben, dass Sie niemals schuldenfrei sein werden, dann verzweifeln Sie nicht. Es gibt immer noch einen Weg, um sie zu überwinden. Um aus der Verschuldung herauszukommen, müssen Sie die richtige Einstellung zum Ausgeben und Sparen haben.

Wenn eine Person eine gesunde Einstellung zu Ihren Ausgaben hat, ist sie in der Lage, diese Ausgaben besser zu kontrollieren und der Versuchung des Kaufs zu widerstehen. Menschen ohne die richtige Einstellung zu den Ausgaben, wie diejenigen, die Ausgaben als etwas betrachten, auf das sie ein Recht haben, werden es schwer finden, sich vom Kauf abzuhalten, selbst wenn sie kein Geld mehr haben.

Sparen ist eine der besten Möglichkeiten, sich aus der Verschuldung zu befreien. Aber wie nutzen die Menschen Ersparnisse dazu? Soll man nicht alles mit dem Geld, das man hat, zurückzahlen, anstatt es als Ersparnis zu verwahren? So wird es gemacht.

Sparen, frei definiert, ist ein Geldbetrag, den man für die Regentage beiseite legt. Wenn Ihre Ersparnisse größer sind als Ihre Schulden, fühlen Sie sich sicherer für Ihre Zukunft. Um mit dem Ersparten aus den Schulden herauszukommen, müssen Sie regelmäßig den gleichen oder einen größeren Geldbetrag sorgfältig beiseite legen.

Zum Beispiel, wenn Sie 1.000 Dollar im Monat verdienen und Sie eine Schuld von 60.000 Dollar haben. Von Ihrem monatlichen Einkommen weisen Sie den monatlichen Betrag für Ihre regelmäßigen Ratenzahlungen zur Tilgung dieser Schuld zu. Gleichzeitig legen Sie einen Geldbetrag zur Seite, den Sie als Ersparnis behalten. Sobald Sie genug Geld als Ersparnis angesammelt haben, sagen wir 10.000 Dollar, können Sie diese Ersparnisse gut gebrauchen, indem Sie einen großen Teil Ihrer Schulden zurückzahlen. Wenn Sie so viel abbezahlen, werden die Zinssätze sinken, weil der Kapitalbetrag weiter gesenkt wurde.

Auch wenn das Anhäufen von Ersparnissen nicht immer der einfachste Weg ist, um aus der Verschuldung herauszukommen, besonders wenn Sie viele Ausgaben haben, ist es dennoch einer der effektivsten Wege. Sie sollten versuchen, jede beliebige Geldsumme zu sparen, um sie später für die Zahlung von Pauschalbeträgen für Ihre Schulden zu verwenden. Wenden Sie diese Pauschale auf die Hauptbeträge an, und schon bald werden Ihre Schulden deutlich sinken und Sie werden schneller schuldenfrei sein, als Sie erwarten.

Kapitel 7 - Leitfaden zum Geldmanagement

Die Verwaltung Ihres Geldes ist der Prozess der Verfolgung, Budgetierung, Einsparung und Investition Ihres Geldes. Es ist der Prozess, der beschreibt, was Sie mit dem Geld, das Sie verdienen, tun, damit es wächst und größere Erträge erzielt. Für manche Menschen ist die Verwaltung von Geld sehr einfach. Diese Menschen haben in der Regel ein sehr gutes Wissen über die Finanzwelt. Für andere könnte Geldmanagement genauso gut eine Fremdsprache sein, die mit dem Rosetta-Stein entschlüsselt werden muss.

Um Geld effektiv zu verwalten, muss man unter anderem sparsam leben. Sparsam zu leben bedeutet, dass man nicht über seine Verhältnisse lebt. Man gibt nur für das Nötigste aus und gönnt sich nicht allzu oft Luxus. Man verschwendet kein Geld für nicht notwendige Bedürfnisse. Um dies zu tun, müssen Sie unterscheiden, welche Dinge Wünsche und welche Bedürfnisse sind. Geben Sie Geld nur für die Dinge aus, die Sie brauchen, und vergessen Sie die Extras.

Eine weitere Möglichkeit, Ihr Geld zu verwalten, ist die Planung Ihrer Ausgaben. Erstellen Sie ein Diagramm oder einen Zeitplan, aus dem Sie sofort ersehen können, welche Ausgaben Sie bezahlen müssen und wann sie fällig sind. So wird sichergestellt, dass Sie nie eine Zahlung verpassen und dabei keine Verzugsstrafen zahlen müssen. Mit einem Ausgabenplaner können Sie auch sehen, wohin Ihr Geld wirklich fließt und welche Ausgaben wirklich einen großen Teil Ihres Geldes verschlingen.

Ein erfahrener Geldmanager kauft keinen 5-Dollar-Kaffee, wenn er zu Hause seinen eigenen Kaffee für weniger als einen Dollar pro kleiner Tasse brühen kann. Dies ist eine andere Art, mit Ihrem

Geld umzugehen. Seien Sie klug genug, um zu wissen, wann Sie sparen können. Geldmanager wissen, auf welche Teile ihrer Ausgaben sie verzichten können, und können diese effektiv kürzen. Dies führt zu größeren Einsparungen.

Verwalten Sie Ihr Geld mit soliden Investitionen. Dies mag leichter gesagt als getan erscheinen, aber es ist eine der besten und effektivsten Möglichkeiten, um zu wachsen und Ihr Geld zu verwalten. Wenn Sie Ihr Geld investieren, lassen Sie es nicht einfach auf der Bank liegen und nichts tun. Sie verwenden Ihr Geld tatsächlich zur Finanzierung von Projekten, die für Sie Dividenden und Erträge abwerfen. Ein erfolgreiches Projekt bringt Ihnen zusätzliche Einnahmen in Form von Zinsen auf Ihr Geld.

Kapitel 8 - Sich jeden Tag finanziell sicher fühlen

Sich jeden Tag finanziell sicher zu fühlen, bedeutet, dass Sie sich keine Sorgen um Ihre zukünftigen Finanzen machen müssen. Nicht viele Menschen können sagen, dass sie finanziell sicher sind, weil sie das Gefühl haben, nicht genug getan zu haben, um eine komfortable Zukunft zu sichern. Aber nur weil Sie sich jetzt nicht finanziell sicher fühlen, bedeutet das nicht, dass Sie es nie sein werden. Hier sind einige Möglichkeiten, Ihre Sorgen um die finanzielle Sicherheit heute und in Zukunft zu verringern:

Bauen Sie ein solides Sparkonto auf - das Wissen, dass Sie etwas für den Notfall verstaut haben, gibt Ihnen ein Gefühl der finanziellen Sicherheit wie kein anderes. Mit einem großen Sparkonto haben Sie nicht das Gefühl, dass Sie mittellos leben müssen, wenn Sie alt und arbeitsunfähig werden.

Kaufen Sie eine Versicherung - eine Versicherungspolice ist ein weiteres Sicherheitsnetz, das Sie im Falle von großen Geldverlusten schützt. Einige Versicherungen, die Sie kaufen können, umfassen eine Lebensversicherung, eine Invaliditätsversicherung und eine Rentenversicherung.

Investieren Sie klug - Menschen, die finanziell abgesichert sind, sind nicht nur glücklich über ein riesiges Sparkonto. Sie fühlen sich sicherer, wenn sie wissen, dass sie ihr Geld an Orten angelegt haben, die größere Erträge abwerfen. Sie investieren in Dinge, die nachweislich Geld einbringen.

Räumen Sie auf und leben Sie minimal - Menschen mit so vielen Dingen sorgen sich um den Erhalt und die Pflege ihres materiellen Besitzes. Diese verhindern, dass sie das Gefühl haben, ihre

Ausgaben unter Kontrolle zu haben. Um sicherzustellen, dass Sie nicht zu viel ausgeben, sollten Sie nicht notwendige Dinge loslassen und nur mit den notwendigen Dingen leben. Wenn Sie weniger materielle Dinge haben, über die Sie sich Sorgen machen müssen, werden Sie sich sicherer fühlen, was Ihre Zukunft betrifft.

Sparen Sie, egal wie wenig Sie können - etwas auf Ihr Sparkonto zu legen, egal wie klein dieser Betrag ist, wird immer noch zu Ihrer finanziellen Sicherheit beitragen. Machen Sie es sich zur Gewohnheit, etwas in Ihr Erspartes einzuzahlen.

Zusammenfassung

Nochmals vielen Dank für das Herunterladen dieses Buches!

Ich hoffe, dass dieses Buch Ihnen helfen konnte, die Gründe für Ihre Ausgaben zu verstehen, Ihnen Anregungen zu geben, wie Sie Ihre Impulskäufer-Tendenzen eindämmen und Geld sparen können. Denken Sie daran, dass es Schritte gibt, die Sie heute tun können, um sicherzustellen, dass Sie sich keine Sorgen darüber machen müssen, ob Sie in Ihren letzten Jahren genug Geld haben werden oder nicht. Es bedarf nur einer gewissen Disziplin, um mehr zu sparen, und einer ganzen Menge Zurückhaltung bei den Ausgaben.

Vorschau: Achtsamkeit

Top 10 Tipps zur Überwindung von Obsessionen und Zwängen mithilfe von Achtsamkeit

1 Was ist eine Zwangsstörung?

Eine Zwangsstörung, allgemein bekannt als OCD, ist eine psychische Störung, bei der jemand einen ständigen Drang verspürt, etwas zu reinigen, bestimmte Routine oder Rituale zu wiederholen oder unter sich wiederholende Gedankenmuster leidet. Die Person kann sich wiederholt die Hände waschen, ständig die Ofenknöpfe überprüfen, um sicherzustellen, dass sie aus sind, ständig die Türen überprüfen, um sicherzustellen, dass sie verschlossen sind, oder ständig Dinge zählen. Für viele Menschen, die an einer Zwangsstörung leiden, hat sie ihr tägliches Leben beeinträchtigt, weil die Beschäftigung mit den Zwängen täglich eine Stunde oder mehr ihrer Zeit in Anspruch nimmt und die mit der Störung verbundenen, sich wiederholenden Gedanken, sie daran hindern, sinnvolle Beziehungen zu erleben und sich voll und ganz auf die Aktivitäten des täglichen Lebens einzulassen. In extremen Fällen können die Symptome so schädlich sein, dass die Person dazu verleitet wird, über Selbstmord nachzudenken oder sogar einen Selbstmordversuch unternimmt.

Die Ursache der Störung ist zwar unbekannt, aber für viele Menschen ist sie mit Angst und Stress verbunden. Eine große Anzahl von Menschen, die an ihr leidet, haben ein großes traumatisches Ereignis erlebt, insbesondere Kindesmissbrauch, sowie Ereignisse wie den Tod eines geliebten Menschen oder einen schweren Autounfall. Andere Ursachen können Infektionen und genetische Ursachen sein. Die Hälfte aller Fälle von Zwangsstörungen tritt vor dem 20. Lebensjahr auf, oftmals zeigen sich Symptome jedoch nach dem 35. Lebensjahr. Es wird angenommen, dass weltweit jedes Jahr etwa 1% der Bevölkerung an einer Zwangsstörung erkrankt, und etwa 2-3% der Bevölkerung irgendwann in ihrem Leben davon betroffen sind.

Die Behandlung der Zwangsstörung umfasst Medikamente wie selektive Serotonin-Wiederaufnahmehemmer sowie die kognitive Verhaltenstherapie (CBT), die den Menschen hilft, mit den aufdringlichen, sich wiederholenden Gedanken umzugehen. Eine besonders erfolgreiche Methode zur Behandlung der OCD ist das Erlernen der Achtsamkeit. Achtsamkeit ist die Praxis, sich voll und ganz bewusst zu sein, was um einen herum und in einem selbst vor sich geht, so dass man seine eigenen negativen Gedanken von dem unterscheiden kann, was tatsächlich passiert, seine eigenen Gefühle von den Tatsachen trennen kann und nicht das Bedürfnis verspürt, jeden Gedanken, den man hat, so zu behandeln, als ob man tatsächlich einer Bedrohung ausgesetzt wäre.

2 Tiefes Atmen

Eine der vorteilhaftesten, aber am meisten übersehenen Methoden, Achtsamkeit zu praktizieren, ist die Durchführung von Tiefenatmungsübungen. Sie müssen nicht in einer Lotus-Position sitzen und "Ohm" summen, aber wenn Sie sich dazu verleitet fühlen, dann tun Sie es. Alles, was Sie tun müssen, ist, sich aufrecht hinzusetzen (achten Sie darauf, dass Ihr Rücken so gerade wie möglich ist), einzuatmen und auszuatmen. Nehmen Sie sich 10 Sekunden Zeit zum Einatmen und 20 Sekunden zum Ausatmen. Üben Sie diese einfache Übung täglich zwei Minuten lang aus.

Die Vorteile einer tiefen Einatmung sind so immens, dass man sich fragen muss, warum diese einfache Übung so oft übersehen wird.

Ein Grund dafür ist, dass sie auf natürliche Weise das parasympathische Nervensystem stimuliert, was eine Entspannungsreaktion fördert. Sie bewirkt tatsächlich eine physiologische Entspannung Ihres Körpers! Viele Krankheiten, einschließlich der Zwangsstörung, stehen entweder direkt oder indirekt mit Stress in Zusammenhang, und die meisten von uns führen ein arbeitsreiches und stressiges Leben. Tiefes Atmen ist ein Weg, um Sie dazu zu bringen, bewusst langsamer zu werden und wahrzunehmen, was in Ihnen vorgeht. Wenn Sie sich dessen bewusst sind, was Sie denken und fühlen, können Sie Ihre eigenen Gedanken, die vielleicht Verzerrungen der Realität sind, und das, was tatsächlich um Sie herum vor sich geht, besser erfassen.

Ein Grund dafür, dass sich Ihr Körper immer dann angespannt fühlt, wenn Sie sich ängstlich fühlen, ist, dass Sie nicht tief einatmen. Wenn Sie flach atmen, erhält Ihr Körper nicht den Sauerstoff, den er braucht, und ist daher nicht in der Lage, Ihre Zellen richtig zu versorgen. Wenn Sie tief einatmen, gelangt der gesamte Sauerstoff, den Ihr Körper benötigt, an jeden Teil des Körpers, so dass sich Ihre angespannten Muskeln entspannen können. Diese Reaktion ist entscheidend, um Ihnen zu helfen, die Symptome der Zwangsstörung unter Kontrolle zu bringen. Sie können sich nicht einfach den Weg aus der Zwangsstörung herausdenken; wenn Sie das könnten, hätten Sie wahrscheinlich schon viel Erleichterung von Ihren Symptomen gefunden. Ihr Körper muss mit Ihren Gedanken im Einklang sein; wenn Ihr Körper nicht synchron ist, weil er nicht über die richtige Menge an Sauerstoff verfügt, werden Sie die Impulse der Zwangsstörung nicht kontrollieren können. Eine ausreichende Sauerstoffversorgung wird es Ihrem entspannten Geist jedoch ermöglichen, einige der Impulse abzuwehren.
Tiefes Einatmen kann sogar Ihren Körper entgiften. Einer der primären Giftstoffe in Ihrem Körper ist Kohlendioxid; wenn Ihre Lungen durch die flache Atmung beeinträchtigt sind, können Sie

diesen nicht richtig ausstoßen und sammelt sich somit an. Wenn Sie Giftstoffe wie Kohlendioxid loswerden, können Ihr Geist und Ihr Körper besser funktionieren.

Ein weiterer Vorteil der tiefen Atmung besteht darin, dass sie sogar Schmerzen lindern und Ihr Glücksgefühl steigern kann. Denn sie stimuliert die Freisetzung von Hormonen wie Serotonin, dem "Glückshormon". Serotonin lindert auf natürliche Weise Stress und Angstzustände, so dass die Stimulation seiner Freisetzung ein idealer Weg ist, um Ihnen zu helfen, Ihre OCD zu kontrollieren.

Nehmen Sie sich jetzt zwei Minuten Zeit und atmen Sie 10 Sekunden lang tief ein. Dann atmen Sie 20 Sekunden lang aus. Wiederholen Sie dies einige Male. Sie werden feststellen, dass Sie sich schon nach wenigen Minuten ruhig und entspannt fühlen.

3 Umgebung zur Kenntnis nehmen

Viele von uns haben ein hektisches Leben, in dem wir uns nicht die Zeit nehmen, anzuhalten und die Schönheit um uns herum zu genießen, da wir nicht einmal bemerken, dass es diese Schönheit überhaupt gibt! Wenn wir das tun, denken wir nicht darüber nach, ob die Blumen, die wir sehen, rot, gelb, rosa oder gar wie schön sie sind. Wir sind uns einfach nicht bewusst, was um uns herum passiert. Eine Möglichkeit, Achtsamkeit zu üben, ist, innezuhalten und die eigene Umgebung wahrzunehmen.

Schauen Sie sich eine Minute lang um. Wie viele Farben sehen Sie? Sehen Sie die Farbe Braun? An wie vielen Stellen sehen Sie Braun? Was ist mit Rot? Pink? Blau? Was ist Ihre Lieblingsfarbe? Wie oft sehen Sie sie? Beachten Sie, wie Sie gerade Ihr Gehirn verlangsamt und ihre rasenden Gedanken unter Kontrolle gebracht haben?

Fühlen Sie sich nicht schon, zumindest ein wenig, weniger ängstlich?

Atmen Sie tief durch Ihre Nase ein. Was riechen Sie? Kaffee? Das Parfüm Ihres Mitarbeiters? Etwas, das kocht? Riecht es angenehm? Macht Sie der Geruch glücklich oder weckt er Erinnerungen? Halten Sie inne und denken Sie über die Gerüche um Sie herum nach. Erleben Sie sie. Atmen Sie tief ein und aus. Fühlen Sie sich ruhiger? Mit Sicherheit.

Wie viel Zeit verbringen Sie mit dem Essen? Wenn Sie, wie die meisten Menschen in der heutigen modernen Welt sind, verbringen Sie wahrscheinlich nicht viel Zeit mit dem Essen. Schließlich müssen Sie wieder an die Arbeit gehen. Es gibt so viele Dinge, die Sie in kurzer Zeit erledigen müssen! Hören Sie auf. Diese Art des Denkens provoziert Ängste und löst OCD-Symptome aus. Versuchen Sie, mehr Zeit mit dem Essen zu verbringen. Nehmen Sie sich Zeit, um bewusst wahrzunehmen, was Sie essen. Wie riecht Ihr Essen? Wie sieht es aus? Nehmen Sie jeden Bissen langsam zu sich. Wie schmeckt er? Wie ist seine Textur? Wie interagieren die verschiedenen Texturen, die Sie essen, miteinander? Mögen Sie die Texturen? Nehmen Sie nach jedem dritten Bissen einen Schluck von etwas. Genießen Sie Ihr Essen und erleben Sie es in vollen Zügen.

Was ist das, was Sie da hören? Ist es eine Fliege oder eine Mücke, die Ihnen um den Kopf schwirrt? Ist es die Lampe über Ihnen, die ein knisterndes Geräusch macht? Ist es ein Gespräch, das in der nächsten Kabine stattfindet? Ist es das Geräusch von Regen? Hören Sie Musik? Nehmen Sie sich eine Minute Zeit und hören Sie genau hin. Nein, hören Sie wirklich genau zu. Achten Sie darauf. Achten Sie auf die Geräusche um Sie herum und darauf, woher sie kommen.

Sitzen Sie gerade an einem Schreibtisch? Vielleicht sitzen Sie gerade draußen auf einem Stuhl oder entspannen sich auf dem Sofa. Nehmen Sie sich eine Minute Zeit und fühlen Sie es. Führen Sie Ihre Hände am Schreibtisch entlang. Wie fühlt sich das an?

Sie sollten sich in Ihrer Umgebung inzwischen bewusster fühlen. Wenn Sie sich Ihrer Umgebung bewusst sind, hilft Ihnen das, Ihre eigenen aufdringlichen Gedanken von dem zu trennen, was passiert.

4 Sich Zeit nehmen

Viele Menschen sind davon überzeugt, dass sie jede Minute eines jeden Tages mit irgendeiner Art von Aktivität füllen müssen. Das hat zur Folge, dass ihr Gehirn nie zur Ruhe kommt und sie nie in einen Zustand der Entspannung eintreten können. Sie haben sogar Schlafstörungen, weil ihre Gehirnhälften immer in irgendetwas eingebunden sind. Ständig unterwegs zu sein, kann Ihr Gehirn tatsächlich dazu bringen, zu glauben, dass es eine Bedrohung gibt, und Ihr Gehirn hat eine eingebaute Abwehr gegen Bedrohungen: die Kampf- oder Fluchtreaktion. Adrenalin und Cortisol werden in Ihrem Körper freigesetzt, was noch mehr Stress verursacht und Ihnen das Gefühl gibt, dass Sie härter arbeiten und mehr tun müssen. Wenn Sie zu beschäftigt sind, kann Ihr Gehirn tatsächlich so reagieren, als ob Sie sich bedroht fühlen. Es ist daher in der Tat von großem Bedeutung, ihren Alltag zu verlangsamen.

Verlangsamen bedeutet, dass Sie nicht das Bedürfnis haben, jede einzelne Minute jedes einzelnen Tages mit Aktivitäten zu füllen. Sie können sich einfach gehen lassen. Setzen Sie sich draußen auf den Rasen oder genießen Sie das Gefühl, auf den Beinen zu stehen. Genießen Sie die Art und Weise, wie die Sonne auf Ihre Haut scheint; erleben Sie die Wärme der Sonne in vollem Umfang. Gehen Sie mit Ihrem Hund nach draussen zum Spielen. Schieben Sie ein Kind auf der Schaukel an. Tun Sie etwas, das Ihnen Spaß macht, statt etwas zu tun, das sich produktiv und beschäftigt anfühlt. Zu oft haben wir das Gefühl, dass wir beschäftigt sein müssen, damit das Leben einen Sinn hat. Das stimmt aber einfach nicht. Bedeutung finden wir in den Momenten, in denen wir langsamer werden und unsere Umgebung und die Menschen, mit denen wir zusammen sind, genießen.

Wie oft am Tag überprüfen Sie Ihr Telefon? Wie oft pro Stunde? Wie lange können Sie Ihre E-Mails oder Textnachrichten nicht überprüfen? Dies ist etwas, das man sich bewusst machen sollte. Das ständige Überprüfen Ihres Telefons lenkt Sie von Ihrer Achtsamkeit ab, weil es Ihr Gehirn so verdrahtet, dass Sie glauben, wenn Sie nicht produktiv sind, verschwenden Sie Zeit. Legen Sie Ihr Telefon weg und machen Sie einen Spaziergang. Die Welt kann warten. Sie müssen sich um sich selbst und Ihre eigenen Bedürfnisse kümmern.

Was hält Sie davon ab, langsamer zu werden? Was lässt Sie glauben, dass Sie ständig unterwegs sein müssen? Haben Sie jemals das Gefühl, dass Ihr Geist rast? Schürt das beschäftigt sein ängstliche Gedanken?

Nehmen Sie sich jetzt eine Stunde Zeit, um sich einfach zu entspannen und sich fallen zu lassen. Entfernen Sie alle Elektronik, inklusive dem Fernseher, und verbinden Sie sich mit sich selbst und Ihrer Umgebung. Wie fühlen Sie sich? Wird Ihr Geist langsamer? Was geschieht mit Ihren ängstlichen Gedanken?

Versuchen Sie, sich täglich eine Stunde Zeit zu nehmen, um langsamer zu werden und sich einfach zu entspannen. Lassen Sie sich nicht von allem, was Sie zu tun glauben, ablenken und überfordern. Halten Sie inne und nehmen sie die Schönheit wahr.

5 Meditation

Sie haben sich bereits mit den Vorteilen der tiefen Atmung, der Wahrnehmung der Umgebung und der Verlangsamung befasst. All diese Dinge miteinander zu verbinden, ist die Kunst der Meditation. Meditation ist, wenn Sie Ihrem Geist erlauben, sich langsamer auf etwas zu konzentrieren. Wenn Sie schon einmal nachts durch einen ängstlichen Gedanken wachgehalten wurden, der sich in Ihrem Kopf ständig umdreht und von dem Sie sich nicht distanzieren konnten, dann meditieren Sie tatsächlich über diesen ängstlichen Gedanken. Diese Art der Meditation ist jedoch negativ. Positive Meditation ist, wenn Sie sich absichtlich auf gute oder positive Dinge konzentrieren und sich nicht mit den negativen Gedanken beschäftigen, die versuchen, in Sie einzudringen.

Viele Religionen haben ihre eigenen meditativen Praktiken, die darauf ausgerichtet sind, die Spiritualität des Einzelnen oder die Verbindung mit seinem eigenen Geist zu fördern. Die Kabbala, die jüdische mystische Tradition, hat meditative Praktiken, die darauf ausgerichtet sind, den Einzelnen aus seinen eigenen täglichen Kämpfen in die Erkenntnis des Ewigen zu erheben. Das Christentum hat einige kabbalistische Praktiken übernommen, die von Christen zur Meditation über das Göttliche verwendet werden. Auch der Islam, insbesondere der Sufi-Zweig, hat meditative Praktiken. Einige Religionen wie Hinduismus, Sikhismus und Jainismus finden, dass Meditation dem spirituellen Wohlbefinden eines Menschen so sehr innewohnt, dass sie ein vorgeschriebener Bestandteil des täglichen Lebens ist. Wenn Sie sich mit irgendeiner Religion verbinden, ist ein guter Ausgangspunkt, zu erfahren, was Ihre Religion über Meditation sagt und wie Sie sie praktizieren sollten.

Wenn Sie nicht religiös sind und sich nicht dafür interessieren, was diese verschiedenen Religionen über Meditation sagen, können Sie trotzdem lernen, zu meditieren. Setzen Sie sich aufrecht hin und schließen Sie Ihre Augen. Halten Sie Ihre Körperhaltung so perfekt wie möglich, damit Sie voll und tief einatmen können. Atmen Sie 10 Sekunden lang ein und 20 Sekunden lang aus. Setzen Sie das Ein- und Ausatmen auf diese Weise fort, während Sie einen der folgenden Schritte durchführen:

1. Sagen Sie sich selbst positive Dinge. Sie sind ein guter Mensch. Sie sind sich Ihrer Umgebung bewuss, und Sie sind sich bewusst, was in Ihnen vorgeht. Sie können Ihre Zwangsstörung überwinden, so dass sie Ihr Leben nicht mehr dominiert.

2. Konzentrieren Sie sich auf etwas Positives. Das kann ein Bild des Ozeans sein, eine Lieblingserinnerung aus der Kindheit oder etwas völlig Belangloses, wie eine Tür oder ein Fensterrahmen.

Bleiben Sie in diesem Zustand, solange Sie können. Wenn Sie anfangs nur ein paar Minuten meditieren können, ist das in Ordnung. Üben Sie die Meditation jeden Tag weiter aus und versuchen Sie, jedes Mal etwas länger darin zu verharren.

Am Anfang werden Sie vielleicht feststellen, dass Sie durch Dinge, die getan werden müssen, abgelenkt sind. Wenn Sie versuchen, gleich morgens zu meditieren, sind Sie vielleicht so abgelenkt von dem Bedürfnis, rechtzeitig zur Arbeit zu kommen, dass Sie nicht in der Lage sind, erfolgreich zu meditieren. Wenn das der Fall ist, versuchen Sie, eine Zeit zu finden, die für Sie funktioniert und in der Sie nicht so abgelenkt sind.

Der Sinn der Meditation besteht darin, Ihren Geist von negativen Gedanken zu befreien, damit er mit Positivität gefüllt werden kann. Meditation ist ein mächtiges Werkzeug, das Ihr Gehirn neu verdrahten kann, positiver zu denken.

Lightning Source UK Ltd.
Milton Keynes UK
UKHW020920090720
366271UK00019B/2409